Arte ☙ terapia
MIL E UMA NOITES
LIVRO DE COLORIR
ANTIESTRESSE

Ilustrações de Sophie Leblanc

EDITORA
ALAÚDE

Copyright © 2013 Hachette-Livre (Hachette Pratique)

Copyright da tradução © 2015 Alaúde Editorial Ltda.

Título original: *Art-thérapie Mille et une nuits – 100 coloriages anti-stress*

Todos os direitos reservados. Nenhuma parte desta edição pode ser utilizada ou reproduzida – em qualquer meio ou forma, seja mecânico ou eletrônico –, nem apropriada ou estocada em sistema de banco de dados sem a expressa autorização da editora.

O texto deste livro foi fixado conforme o acordo ortográfico vigente no Brasil desde 1º de janeiro de 2009.

EDIÇÃO ORIGINAL: HACHETTE-LIVRE
DIREÇÃO: Catherine Saunier-Talec
RESPONSÁVEL EDITORIAL: Tatiana Delesalle-Féat
EDIÇÃO: Marion Turminel
ILUSTRAÇÕES: Sophie Leblanc
DIAGRAMAÇÃO: Patrick Leleux PAO
DIREÇÃO DE ARTE: Antoine Béon
CAPA: Pauline Ricco
PRODUÇÃO: Amélie Latsch
PARCERIAS: Sophie Morier (smorier@hachette-livre.fr)
A editora agradece a Iris Dion por sua preciosa ajuda e eficiência.

PRODUÇÃO EDITORIAL: EDITORA ALAÚDE
TRADUÇÃO DO PREFÁCIO: Bia Nunes de Sousa
ADAPTAÇÃO DA CAPA: Cesar Godoy

IMPRESSÃO E ACABAMENTO: Ipsis Gráfica e Editora

1ª edição, 2015 (2 reimpressões)

Impresso no Brasil

Dados Internacionais de Catalogação na Publicação (CIP)
(Câmara Brasileira do Livro, SP, Brasil)

Leblanc, Sophie
    Mil e uma noites : livro de colorir antiestresse / Sophie Leblanc ; ilustrações do autor ; tradução de Bia Nunes de Sousa. -- São Paulo : Alaúde Editorial, 2015. -- (Arteterapia)

    Título original: Art-thérapie Mille et une nuits : 100 coloriages anti-stress
    ISBN 978-85-7881-125-9

    1. Artes - Uso terapêutico 2. Arteterapia 3. Livros para colorir I. Título. II. Série.

15-03075   CDD-615.85156

Índices para catálogo sistemático:
1. Arteterapia 615.85156

2015
Alaúde Editorial Ltda.
Rua Hildebrando Thomaz de Carvalho, 60
04012-120, São Paulo, SP
Tel.: (11) 5572-9474
www.alaude.com.br

Prefácio

Livros de colorir não são mais coisa de criança. Eles propiciam uma atividade que envolve postar-se em silêncio diante das figuras, observar os contornos, imaginar as cores que melhor combinam com os desenhos, respirar profundamente a cada gesto. É algo que aguça a concentração e a destreza, que estimula os dois lados do cérebro. Desses momentos de quietude, resulta uma sensação de relaxamento e uma oportunidade ímpar de ouvir a si mesmo.

Neste volume, a série Arteterapia rende uma homenagem à riqueza e à diversidade da arte e da cultura árabe. A era islâmica e sua produção artística surgiram no Oriente, no norte da África e na Andaluzia, sul da Espanha, durante a Hégira, no século VII, quando Maomé deu início à sua jornada profética. Mesquitas e madraçais foram erigidos e passaram a pontuar a paisagem com suas torres e minaretes, enquanto o trabalho em metal, vidro, pedra, marfim ou cerâmica foi aperfeiçoado com grande precisão técnica. A escrita utilizada em todo o mundo muçulmano elevou a caligrafia a novas dimensões artísticas, enriquecidas pela pintura e pela iluminura.

Tomemos a arte mourisca, por exemplo. Fruto da combinação das tradições cristãs e muçulmanas, surgiu em terras ibéricas a partir do século VIII, após a Reconquista, valorizando a faiança no lugar do luxo revestido de ouro tão característico da história da Espanha até então.

Algum tempo depois, já no século XVI, surge a arte otomana, que se vale do poder do império para se impor, fazendo uso de formas piramidais e de cerâmicas gigantescas. O requintado Palácio Topkapi, em Istambul, é um de seus melhores exemplos.

Do Egito até a Índia, passando pelo Irã, o intercâmbio cultural entre as diversas regiões do mundo muçulmano sempre foi intenso, em grande parte por conta das viagens que artistas e mecenas empreendiam com grande entusiasmo. Não obstante a diversidade de formas e cores, de era e terras, a arte islâmica possui uma unidade estilística peculiar. Para onde olhamos, é possível perceber padrões geométricos e arabescos que, juntos, configuram tapeçarias extraordinárias.

Ao contrário do que poderia parecer, a arte islâmica não tem caráter religioso, mas reflete principalmente as diferenças culturais de uma civilização unida por uma fé comum. Como se vê nas páginas deste livro, a representação da figura humana, inclusive a do profeta Maomé, é bastante comum e tem fulcro antes na arte do que na religião.

Neste livro, as culturas árabe, mourisca, persa e indiana – dotadas de um patrimônio arquitetônico, artístico e cultural único – colocam seus tesouros à sua disposição. Deixe que a inspiração escolha as cores de seus lápis e de suas tintas e faça renascer, aqui nestas páginas, a harmonia e a beleza da arte do Islã.

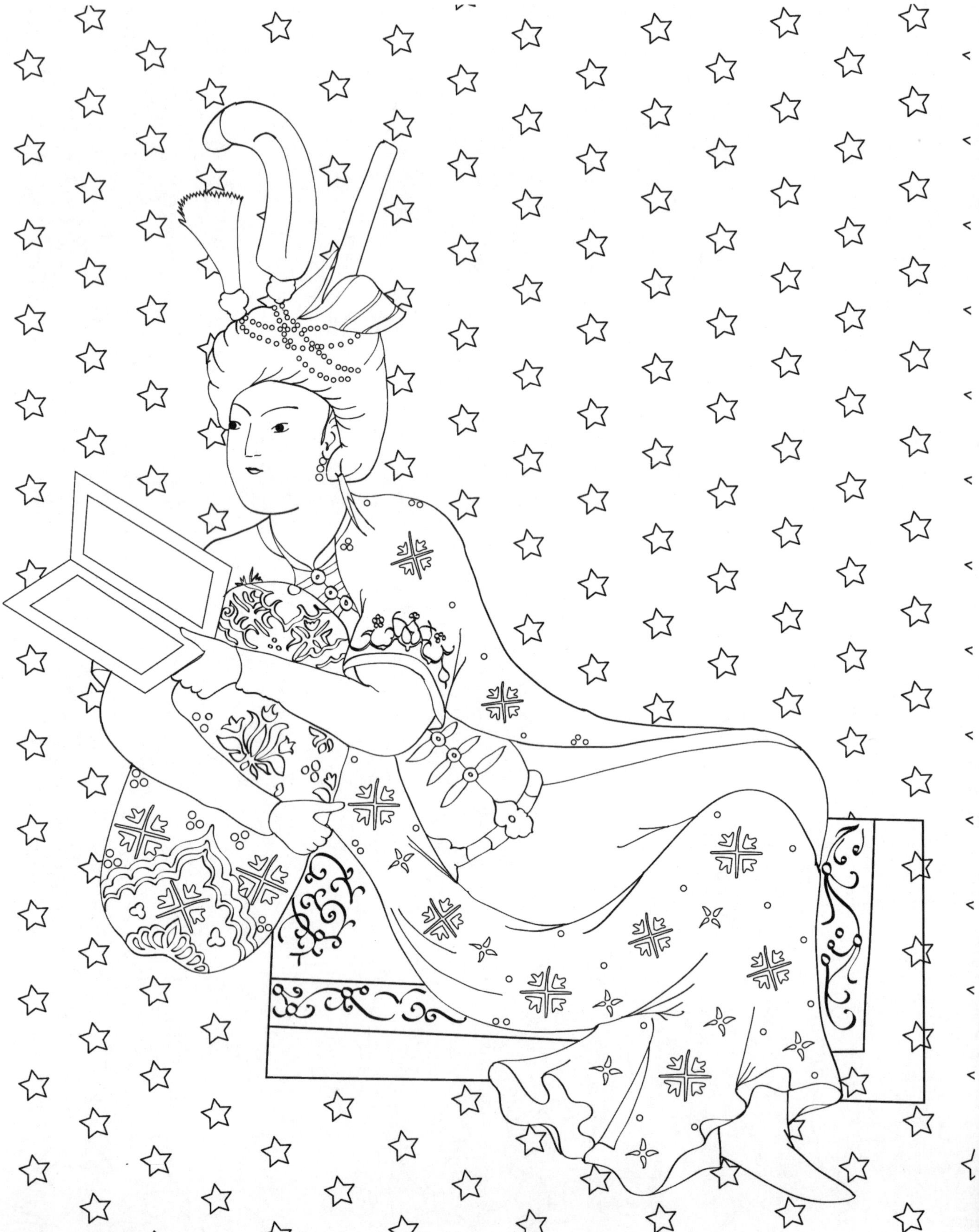

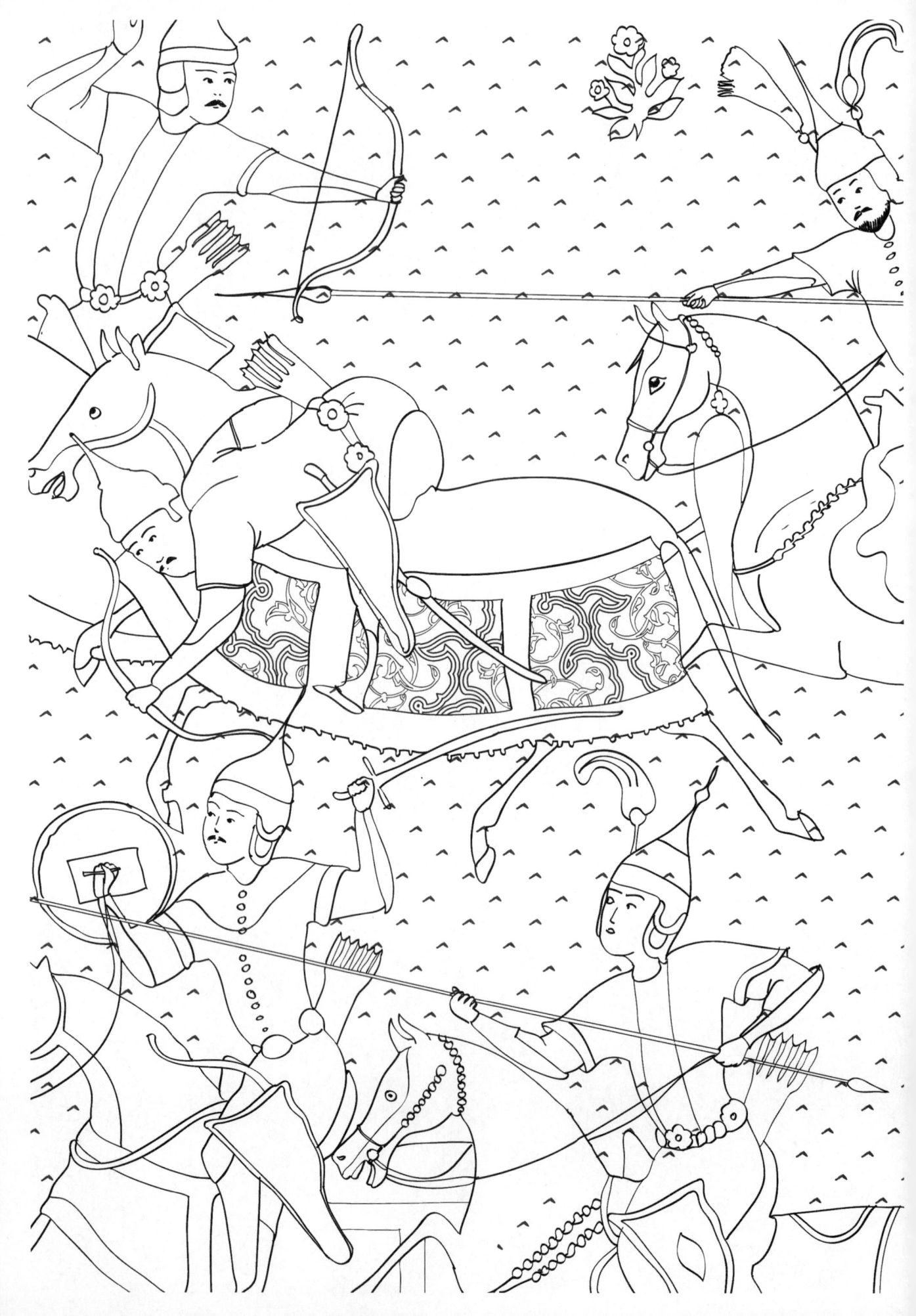

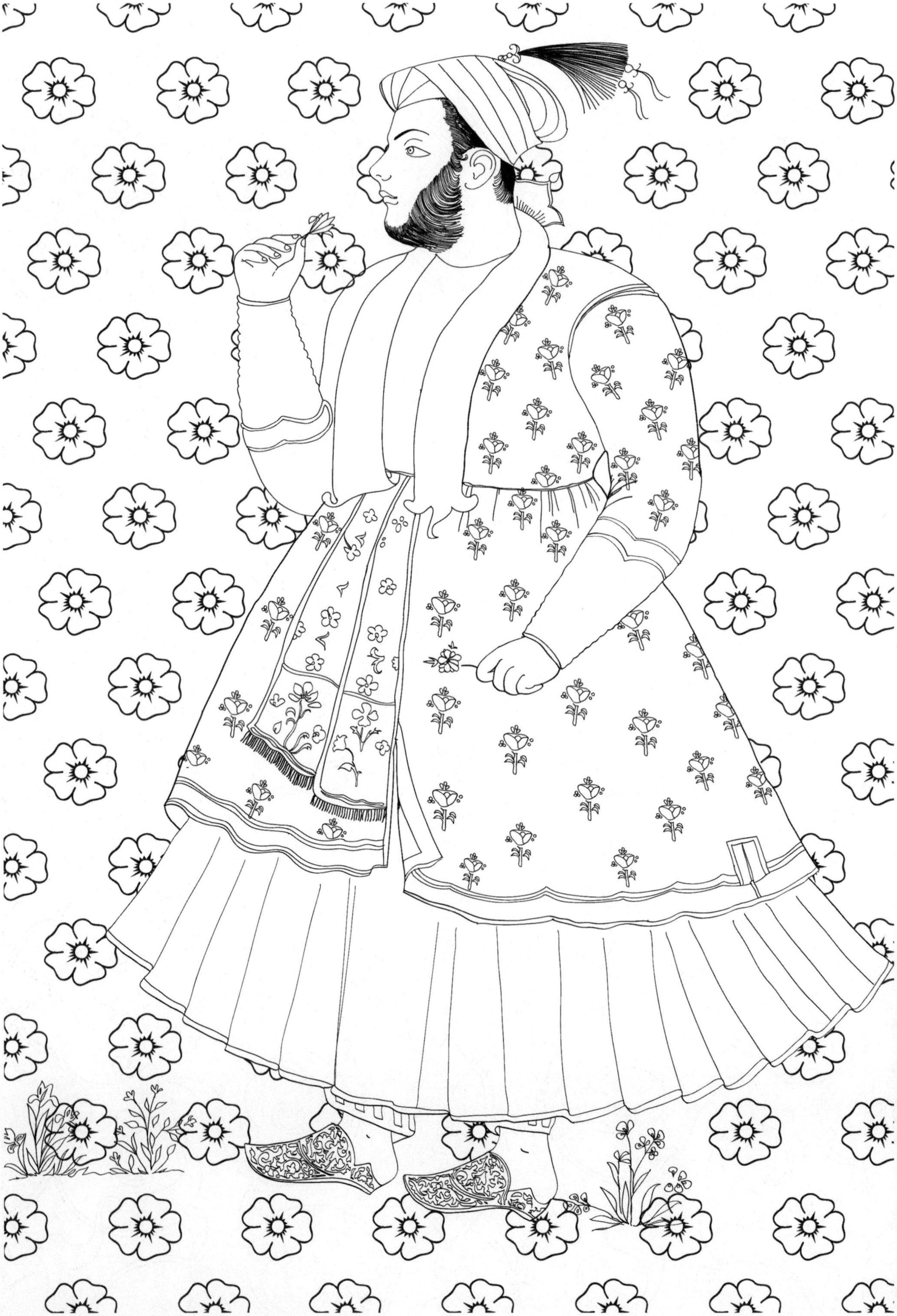

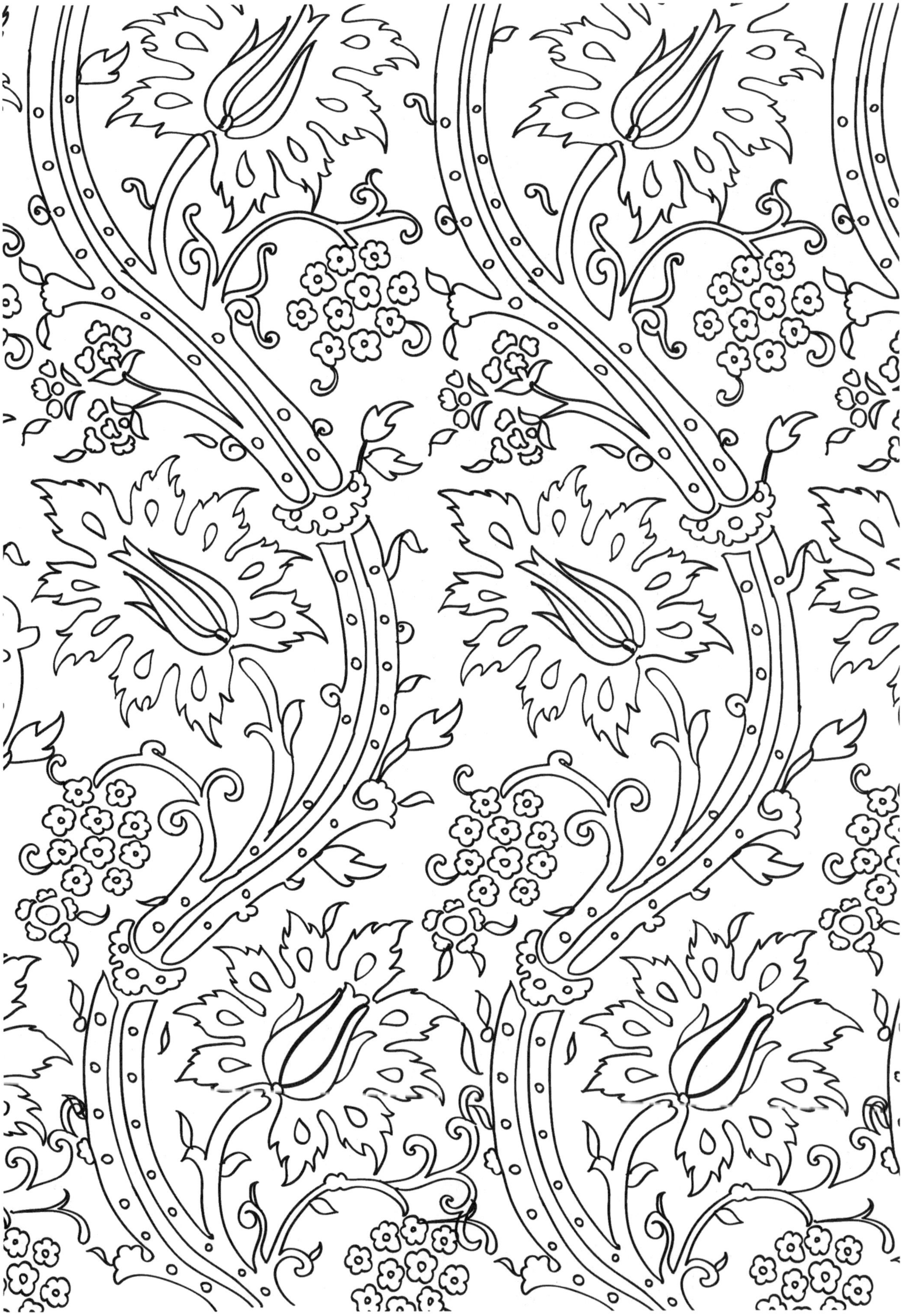

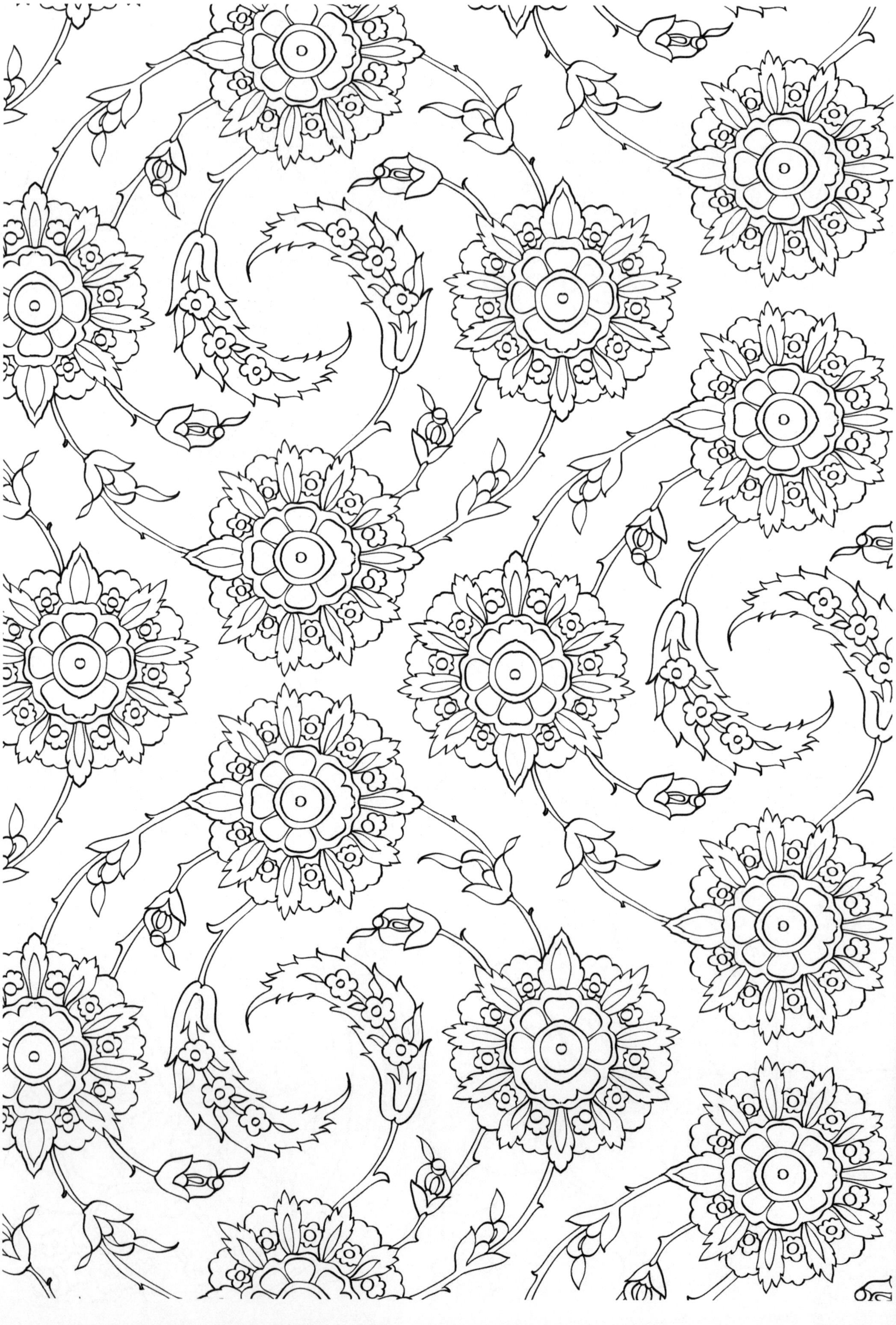

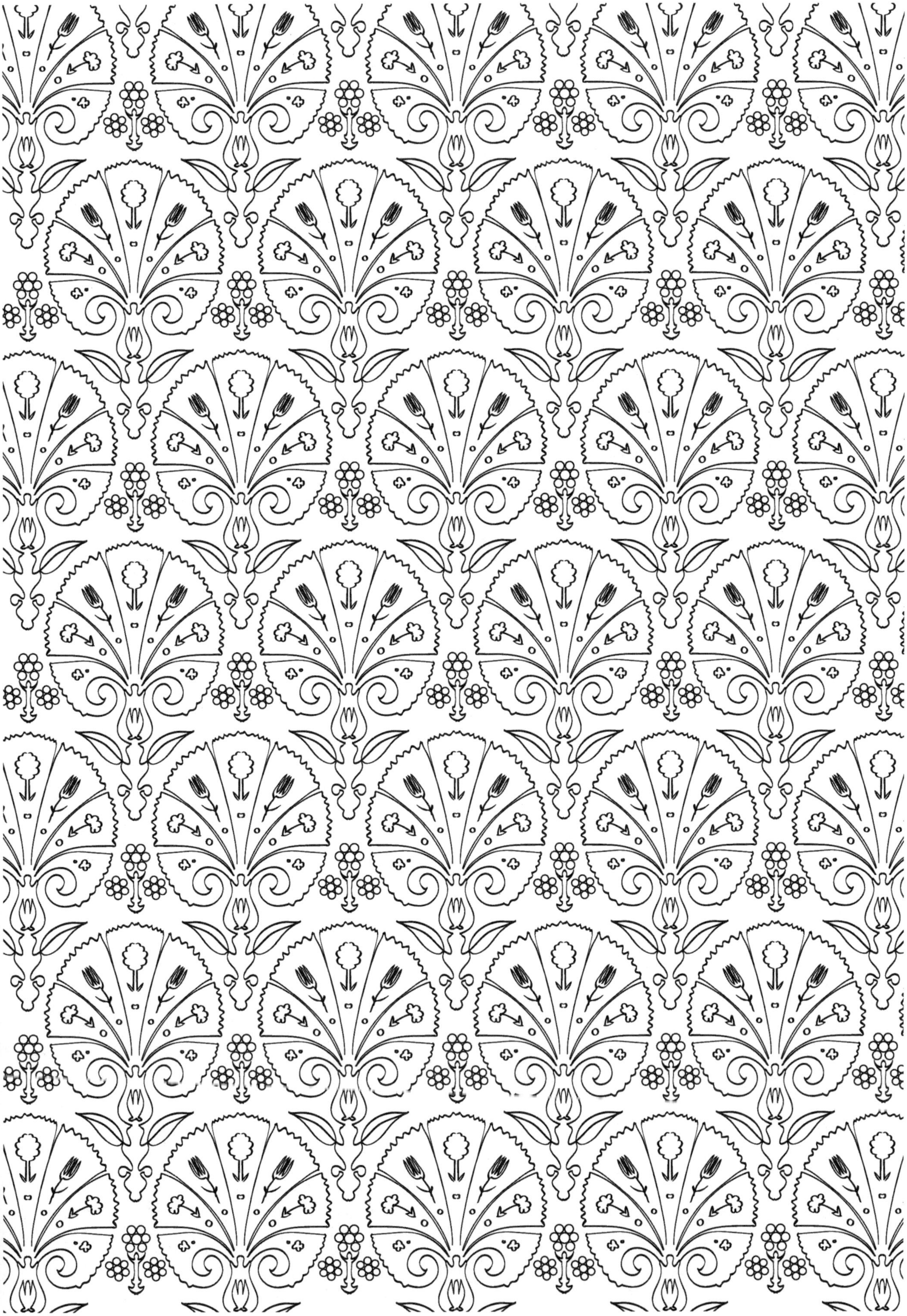

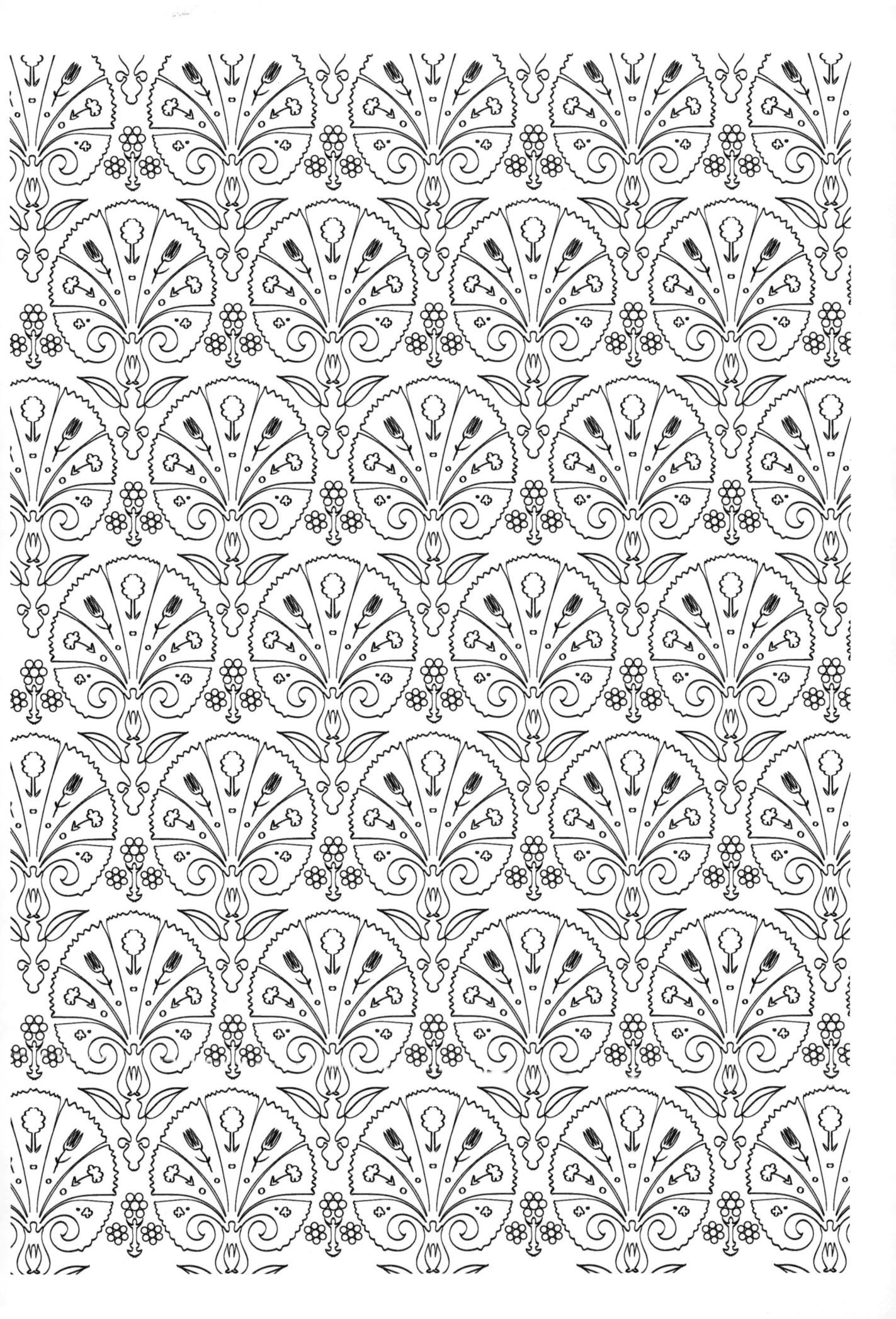

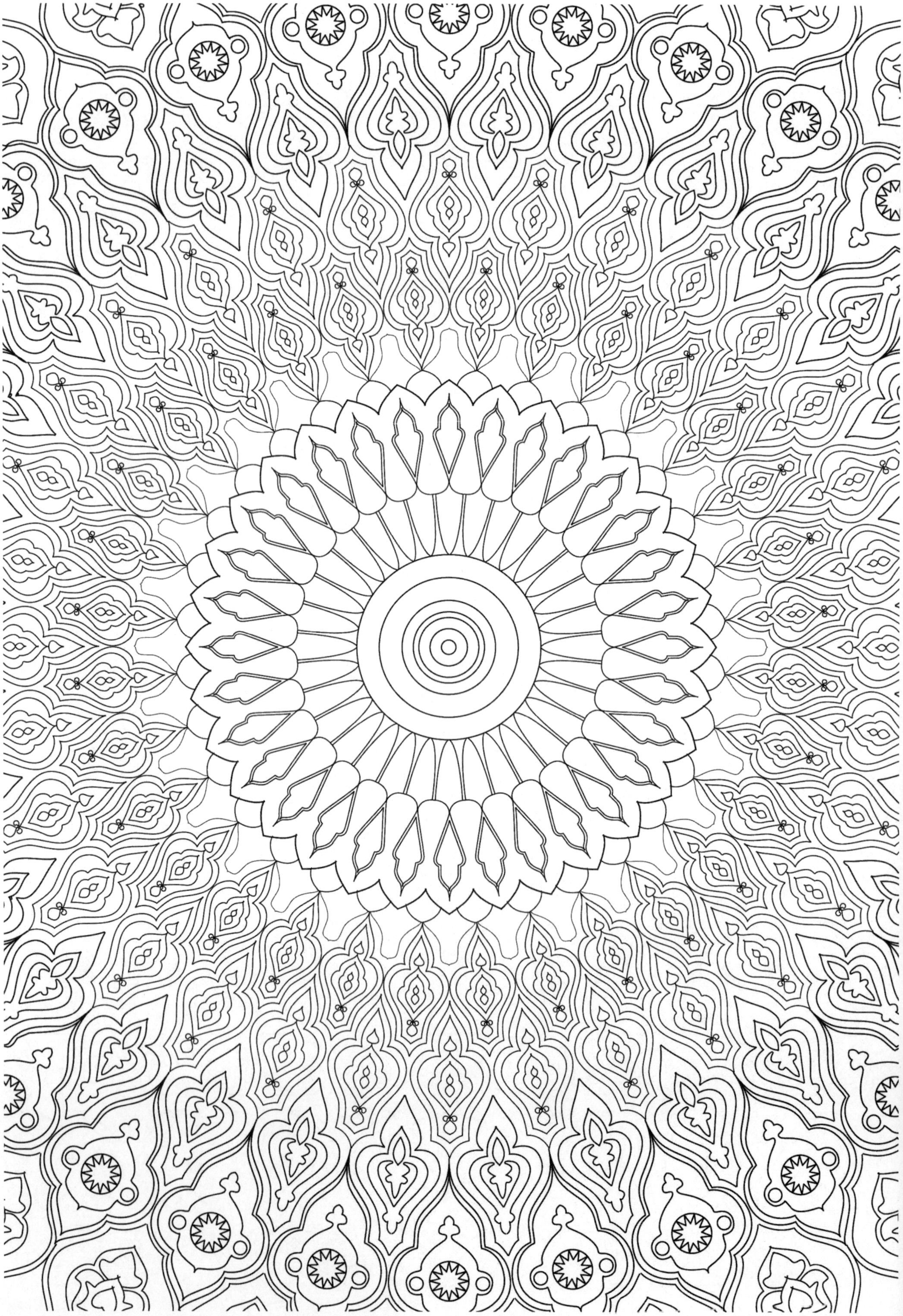

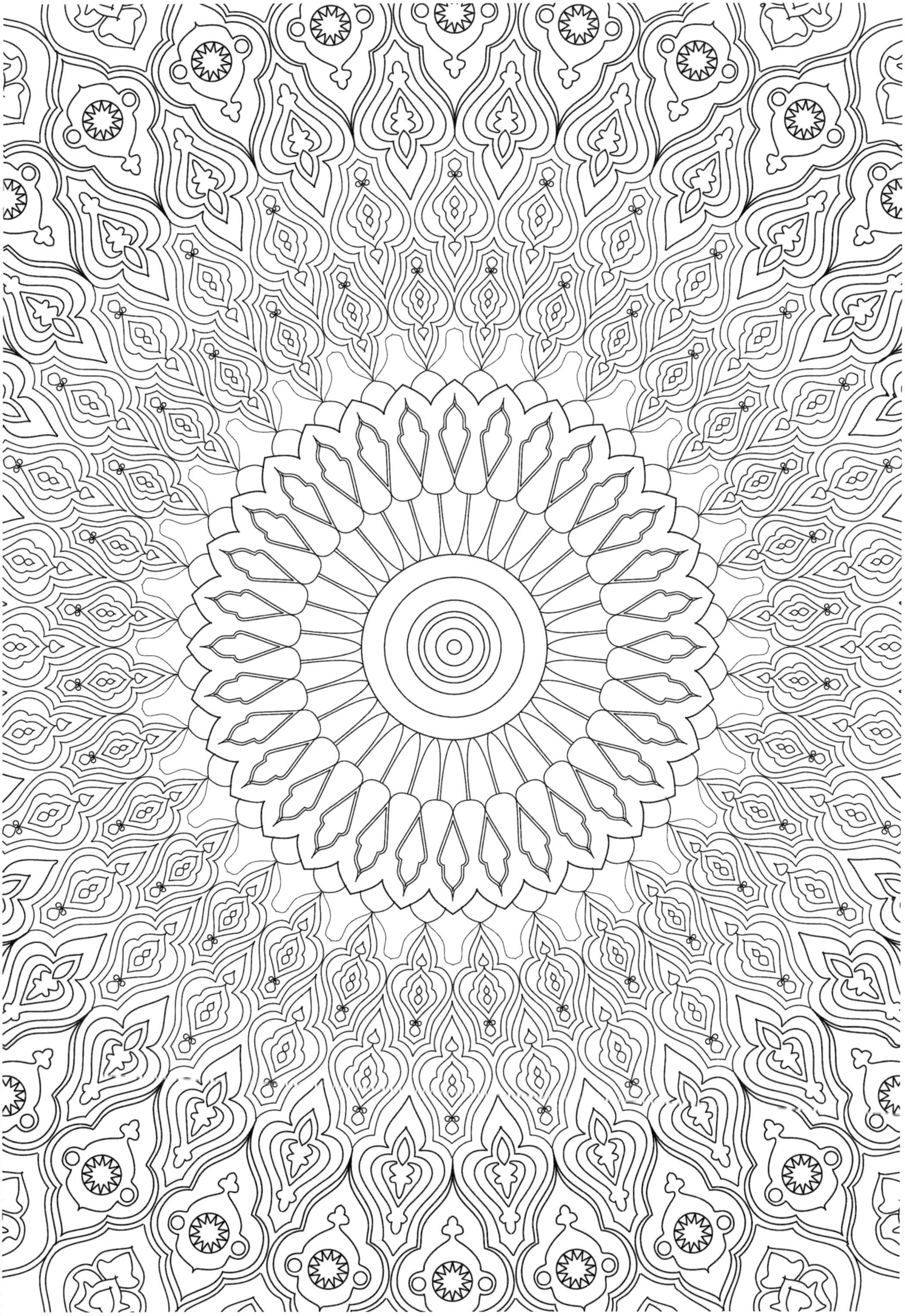

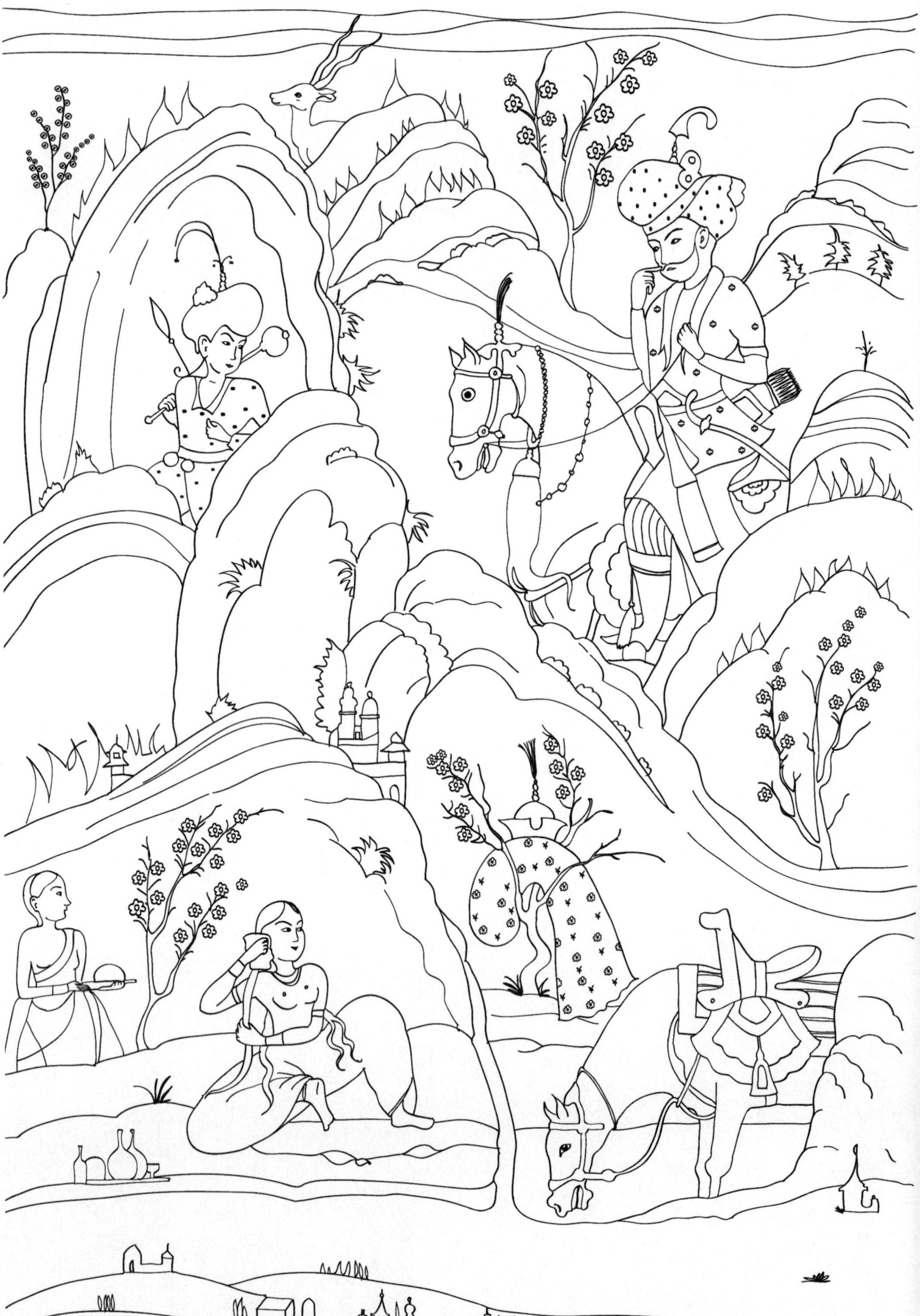

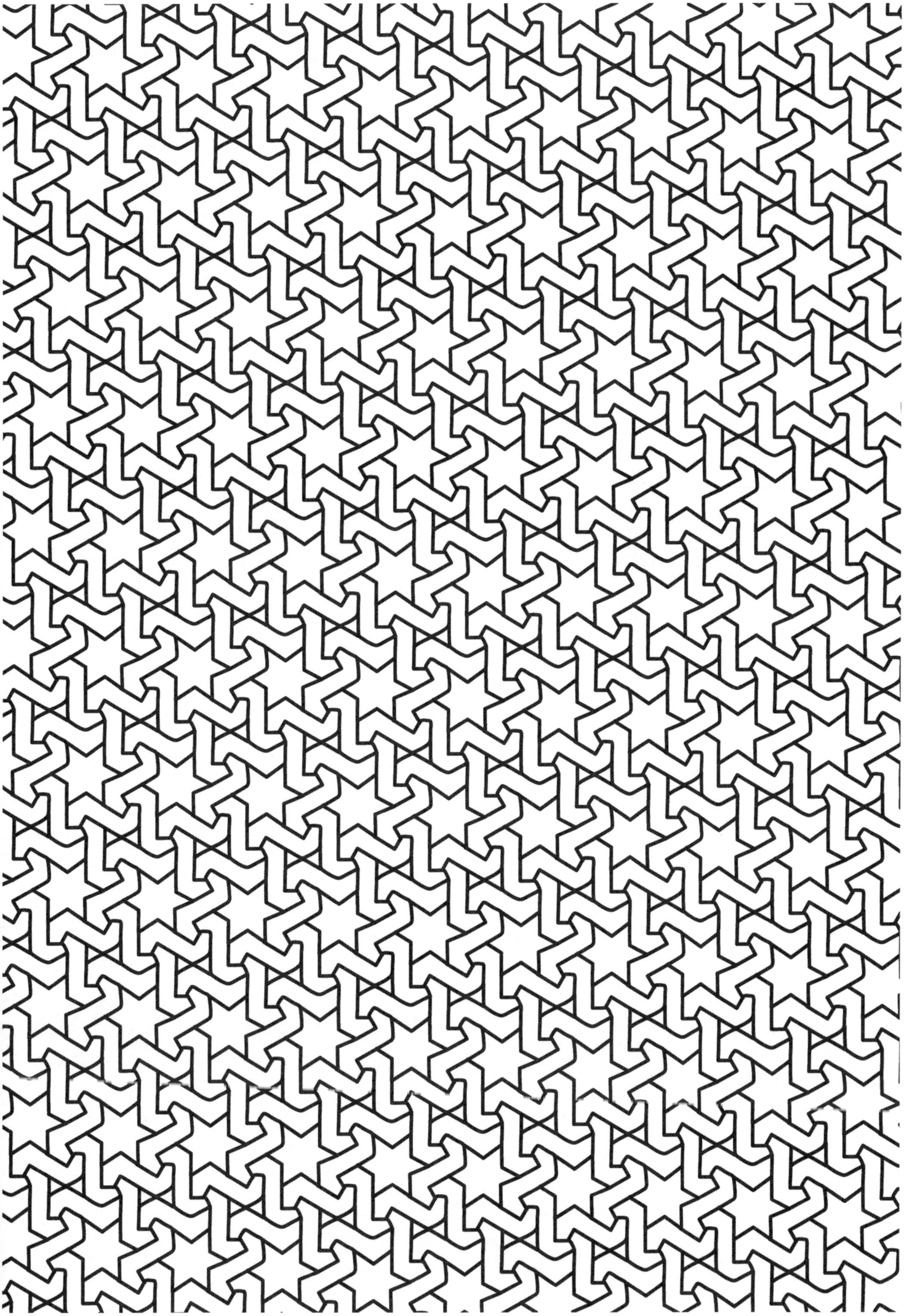

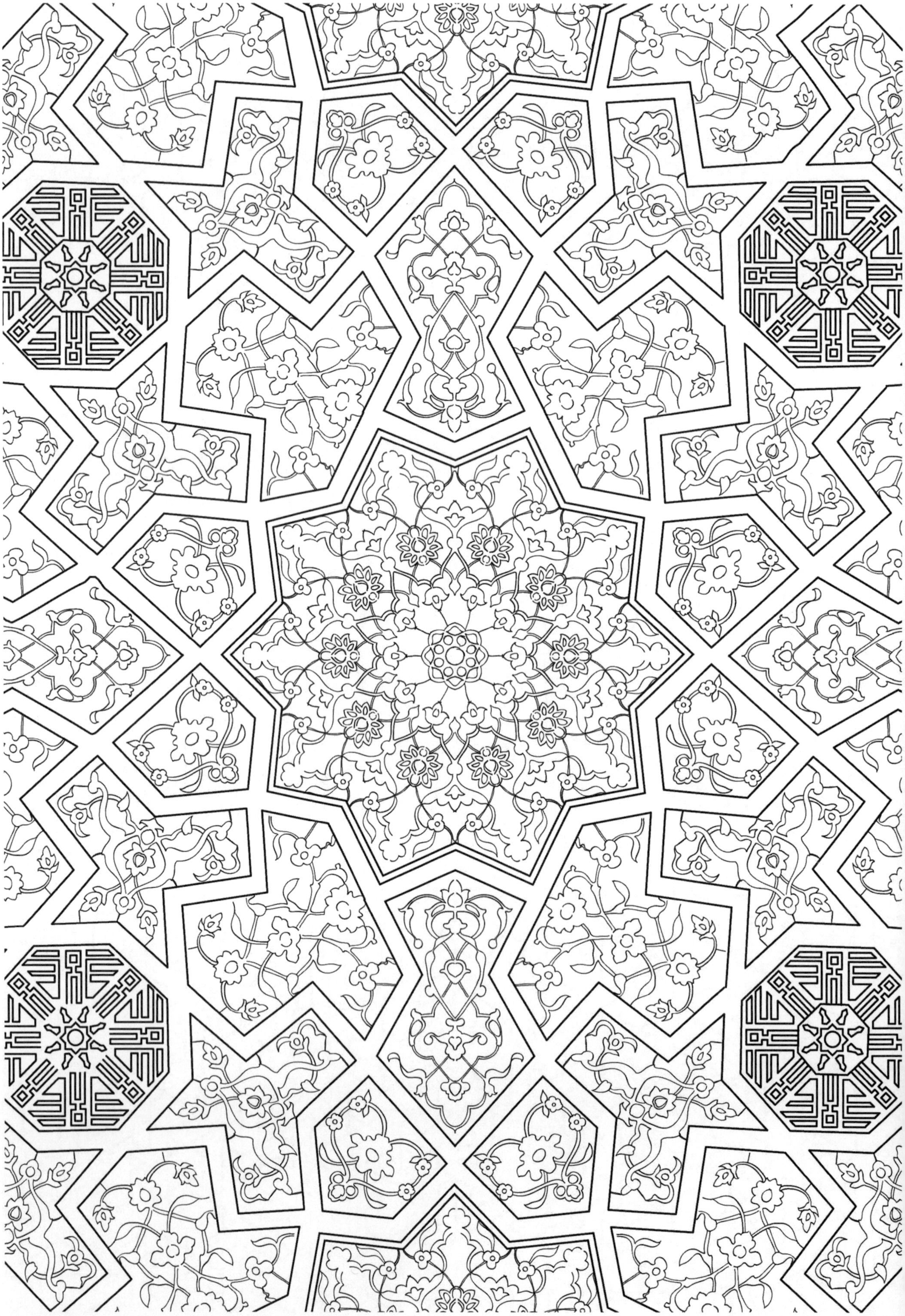

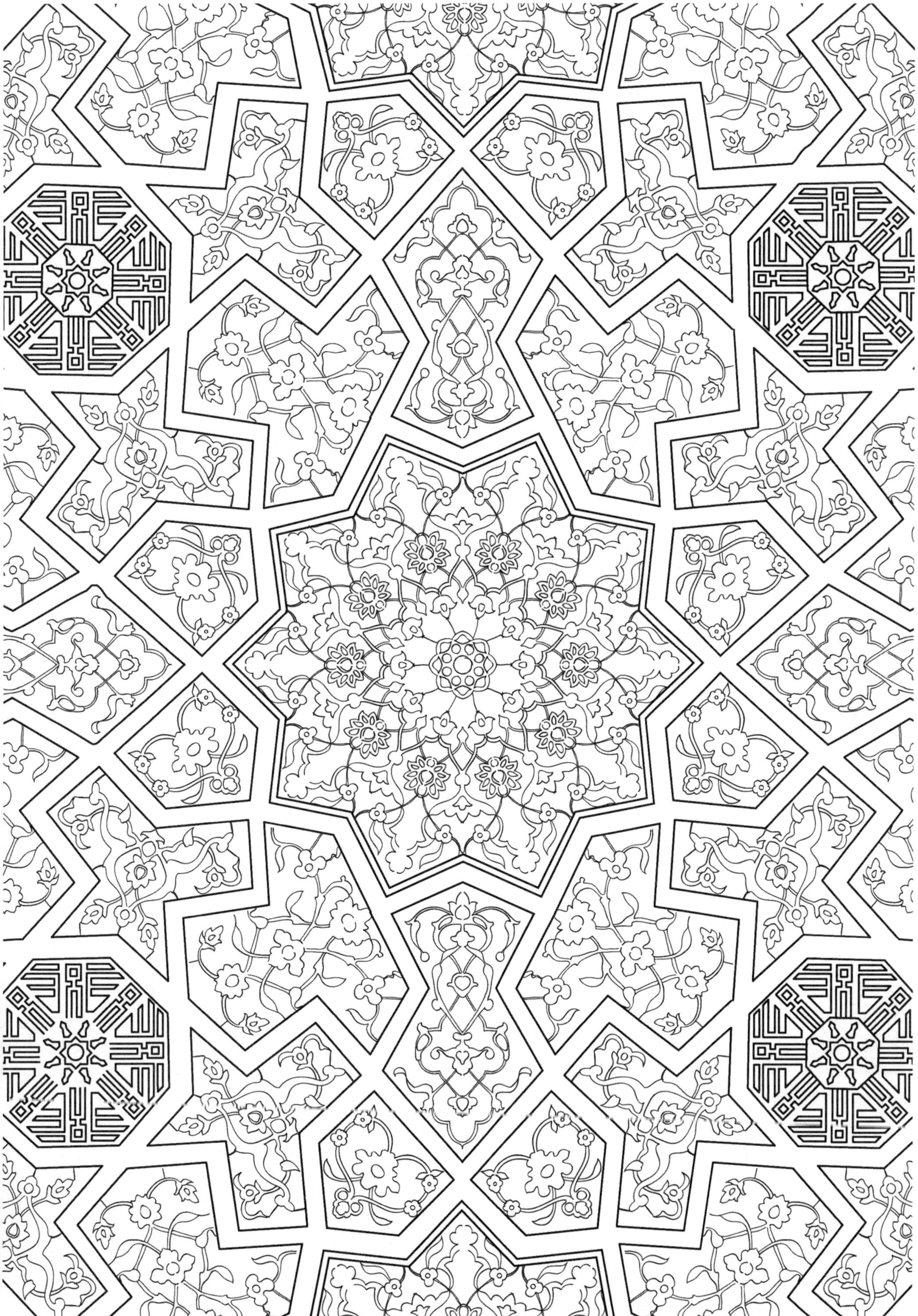

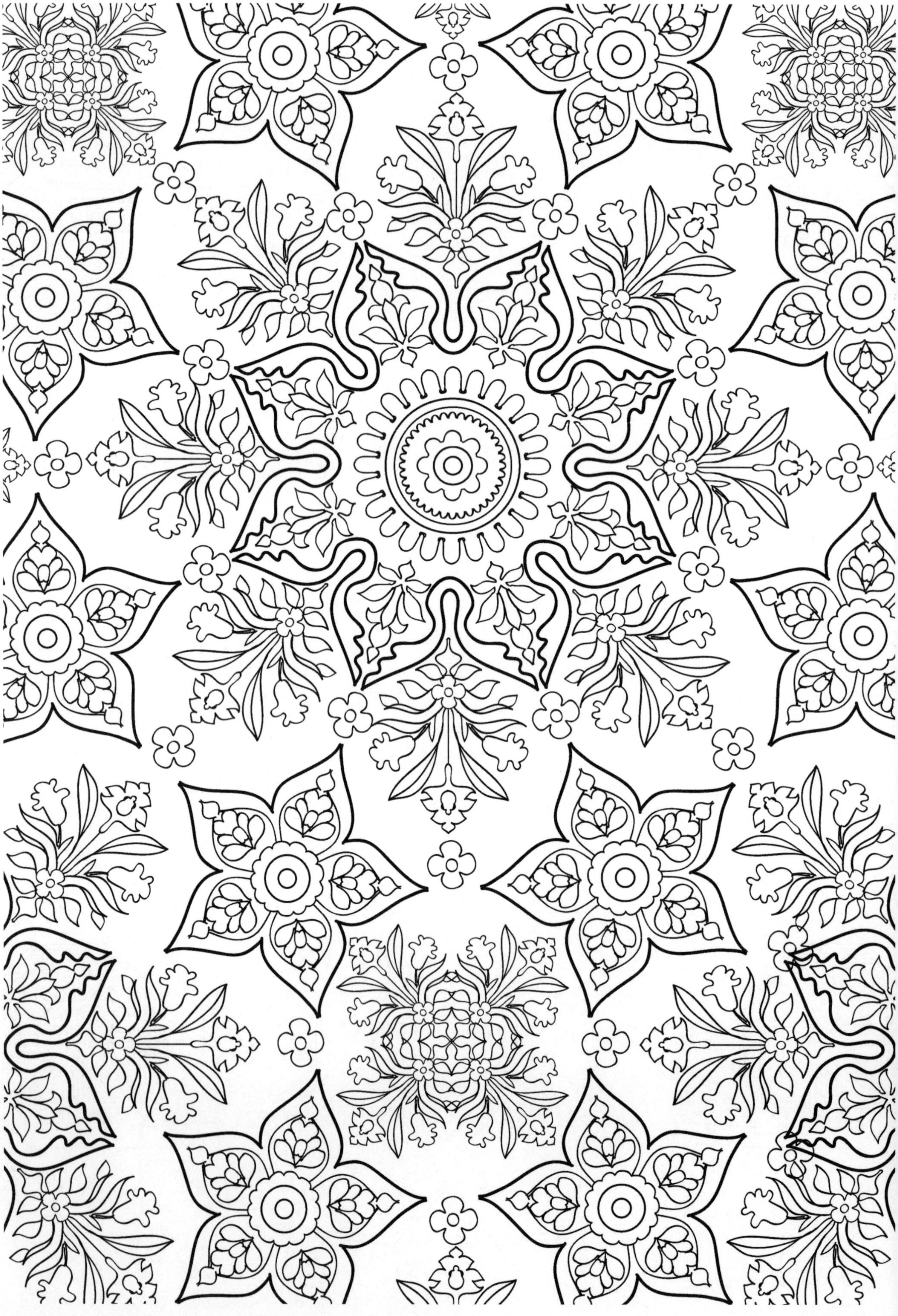

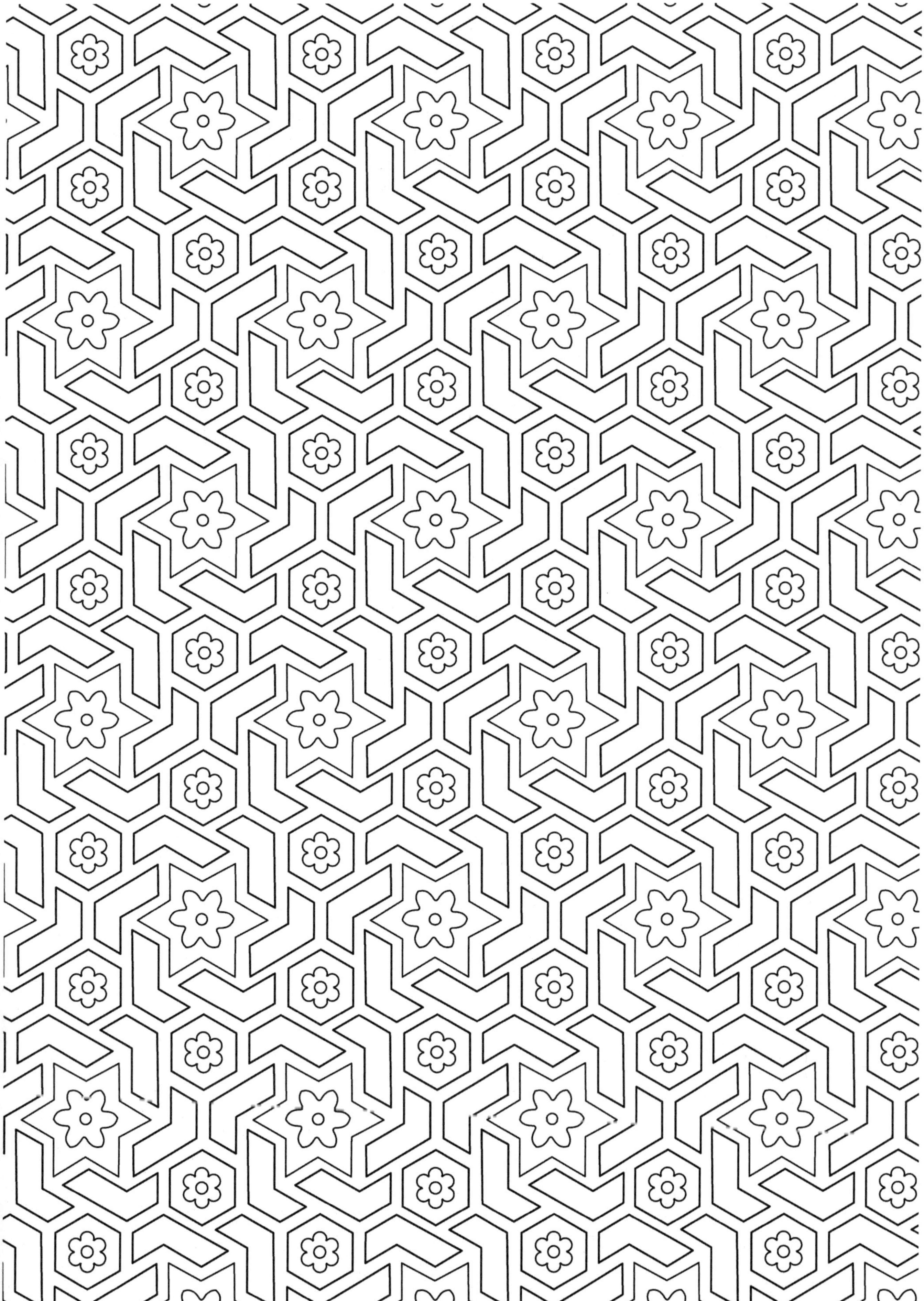

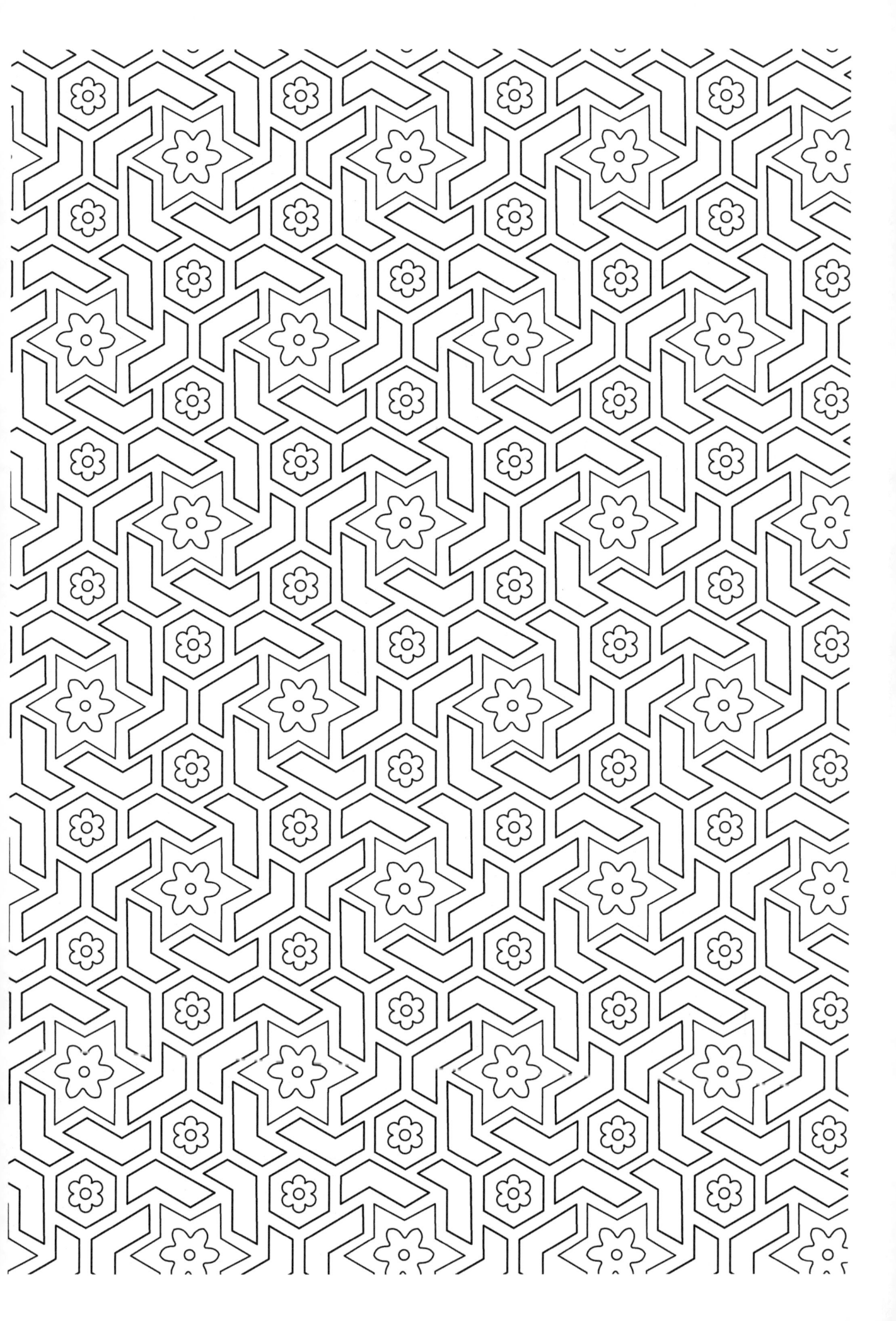

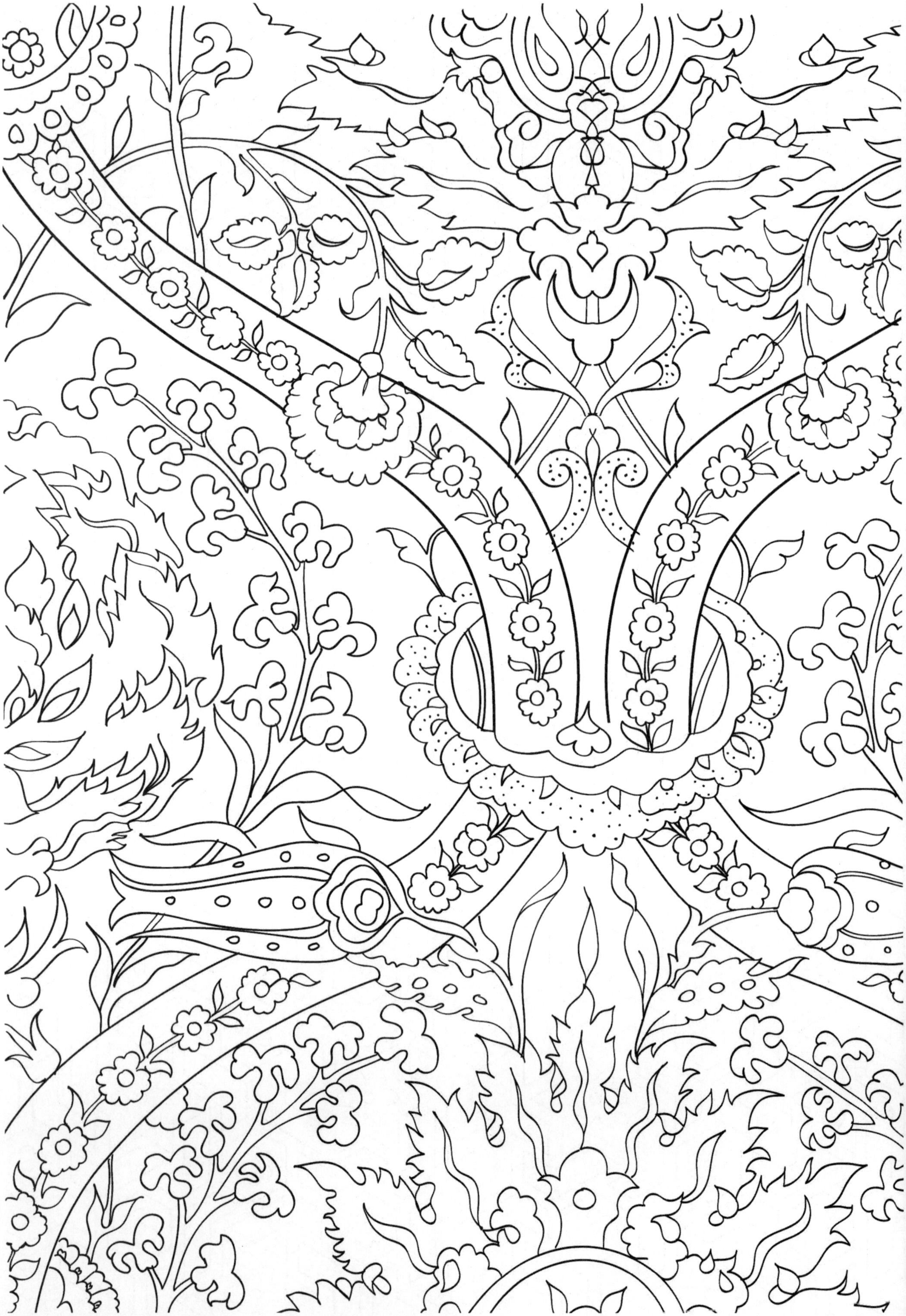

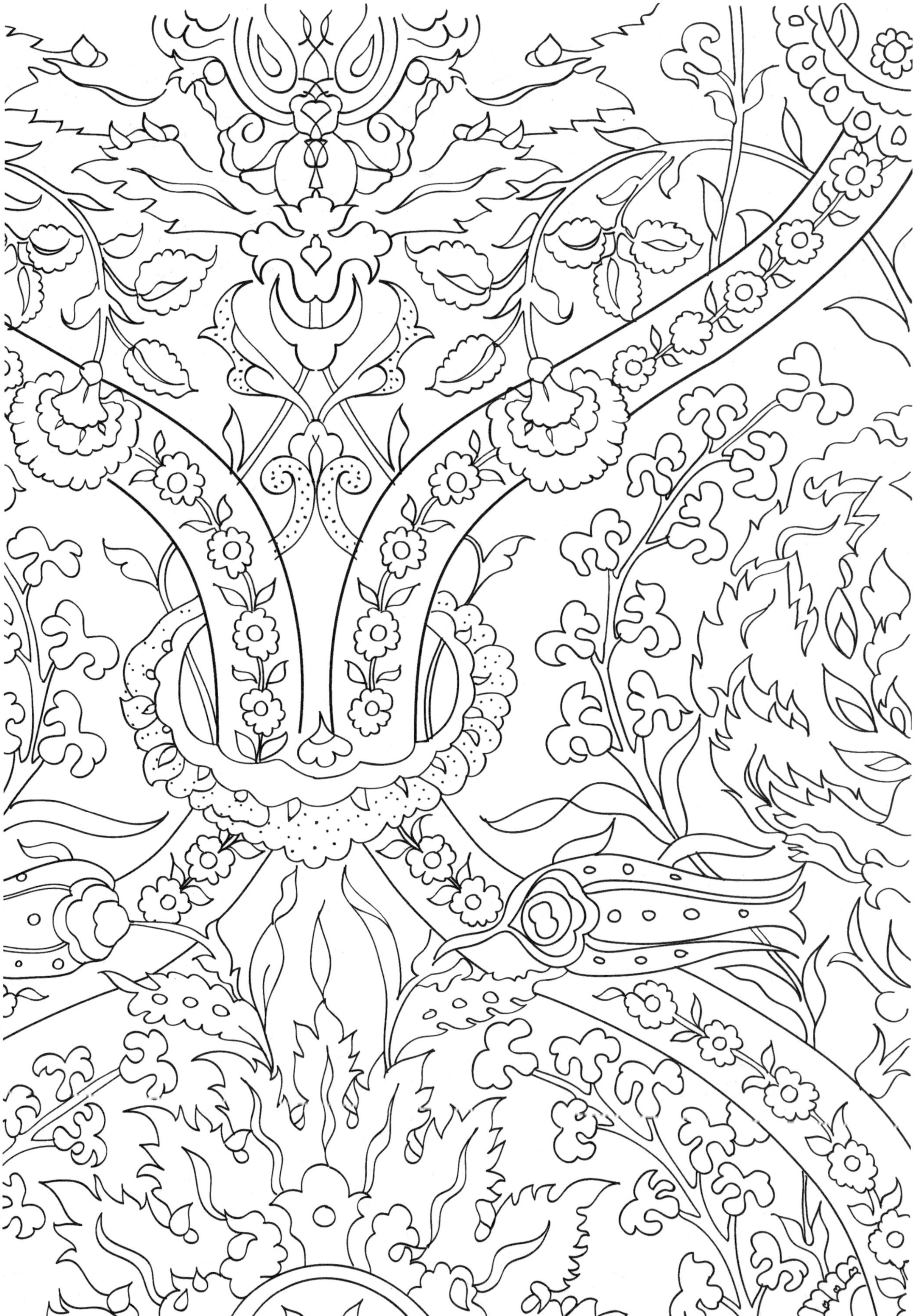

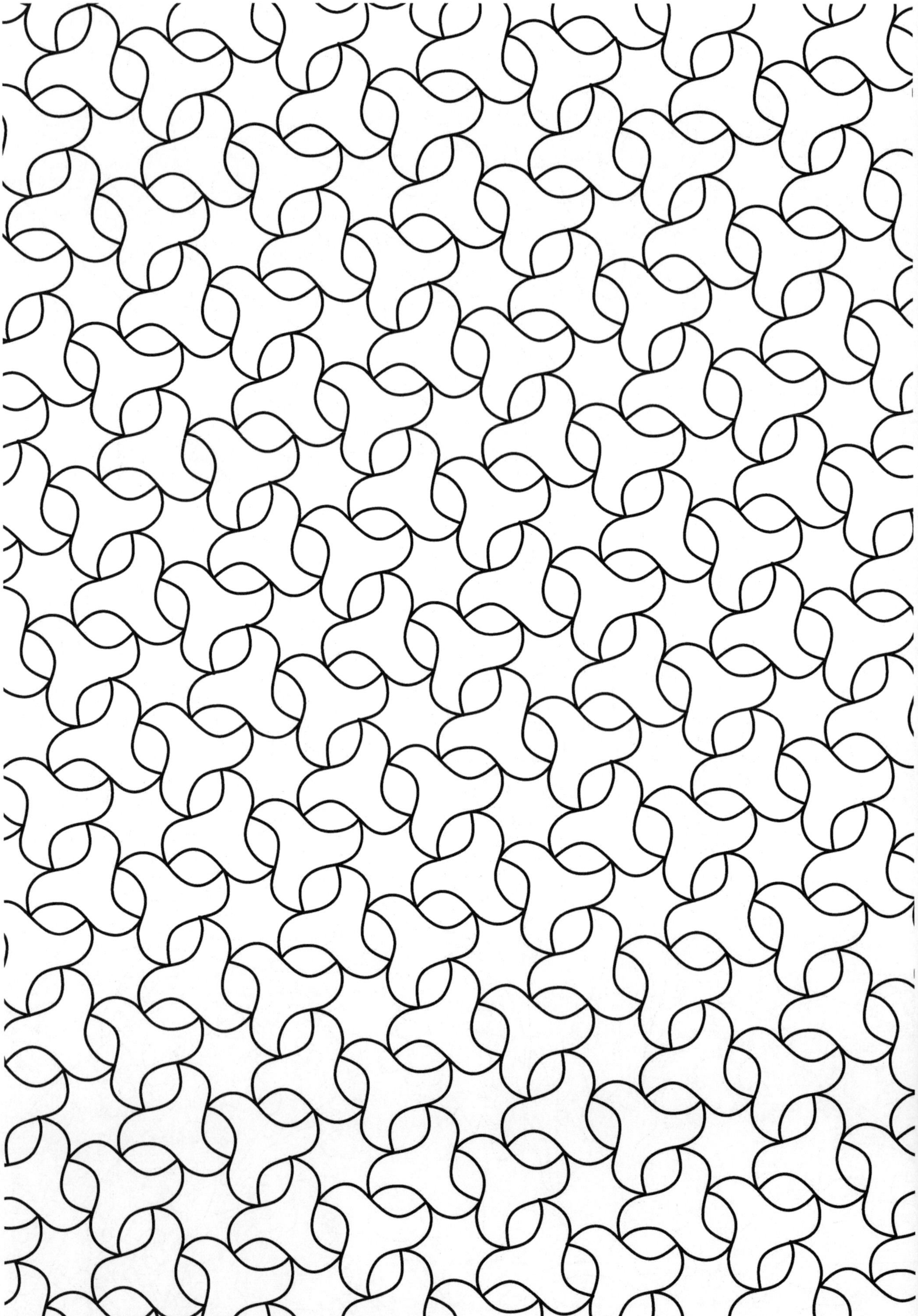

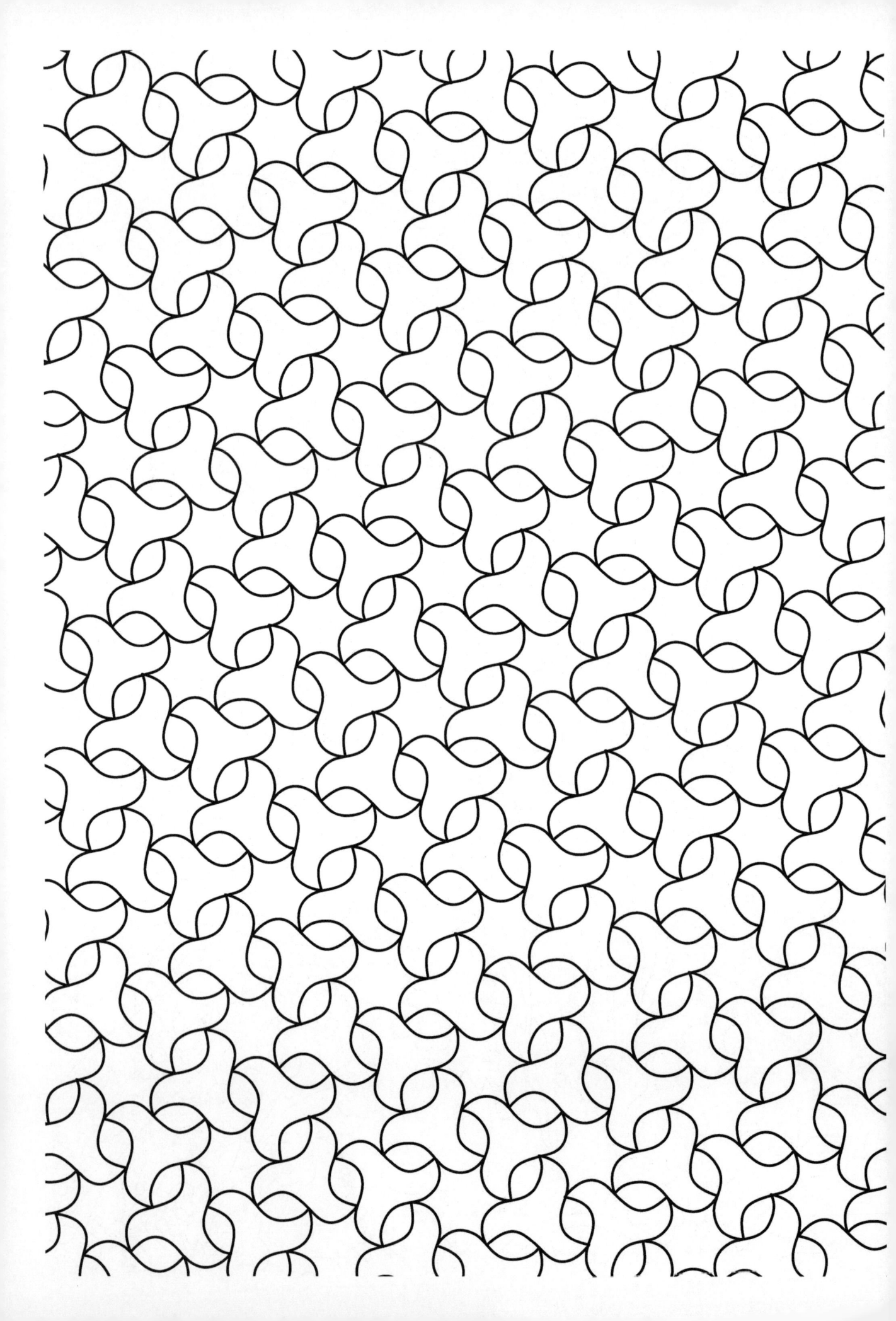

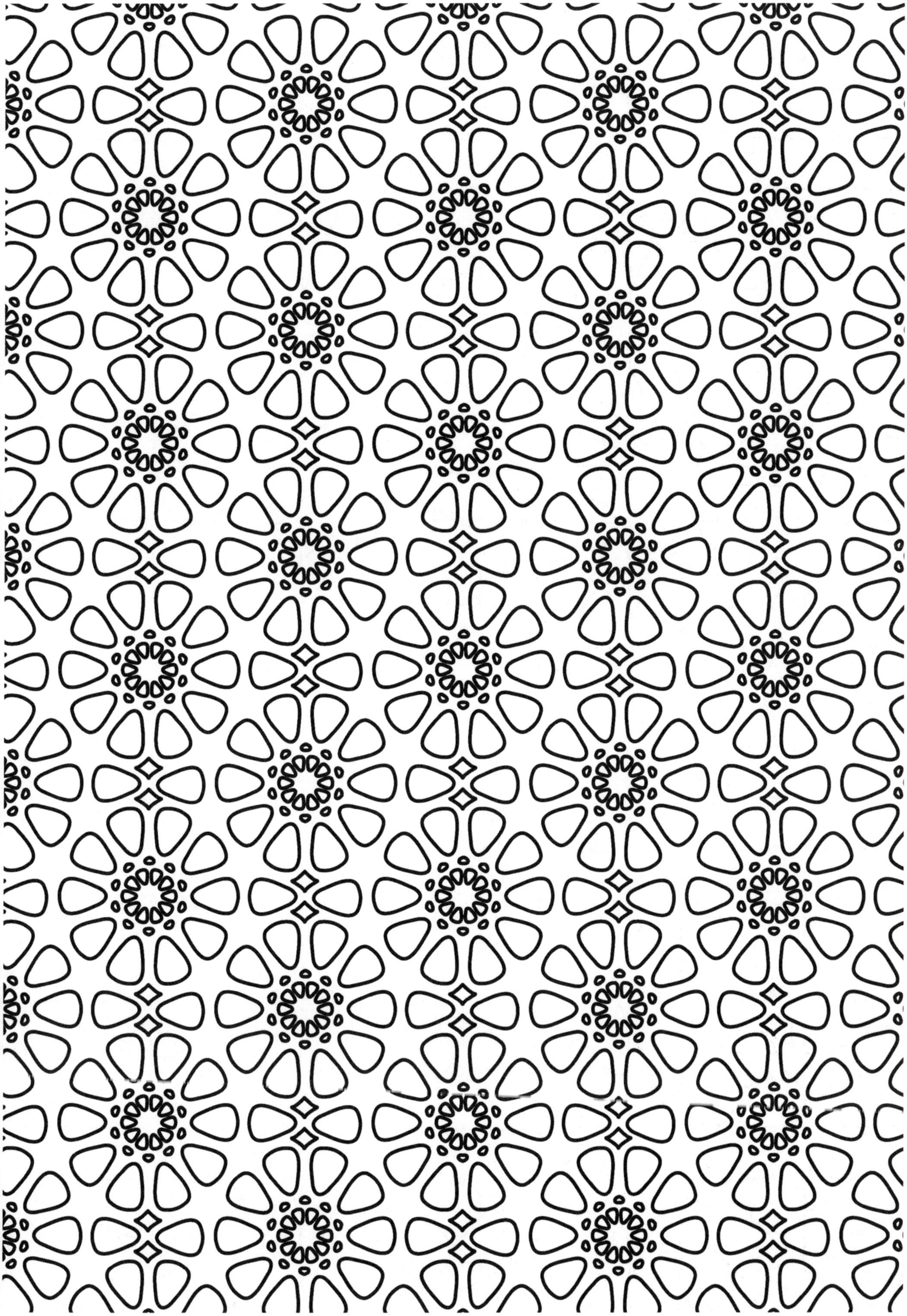

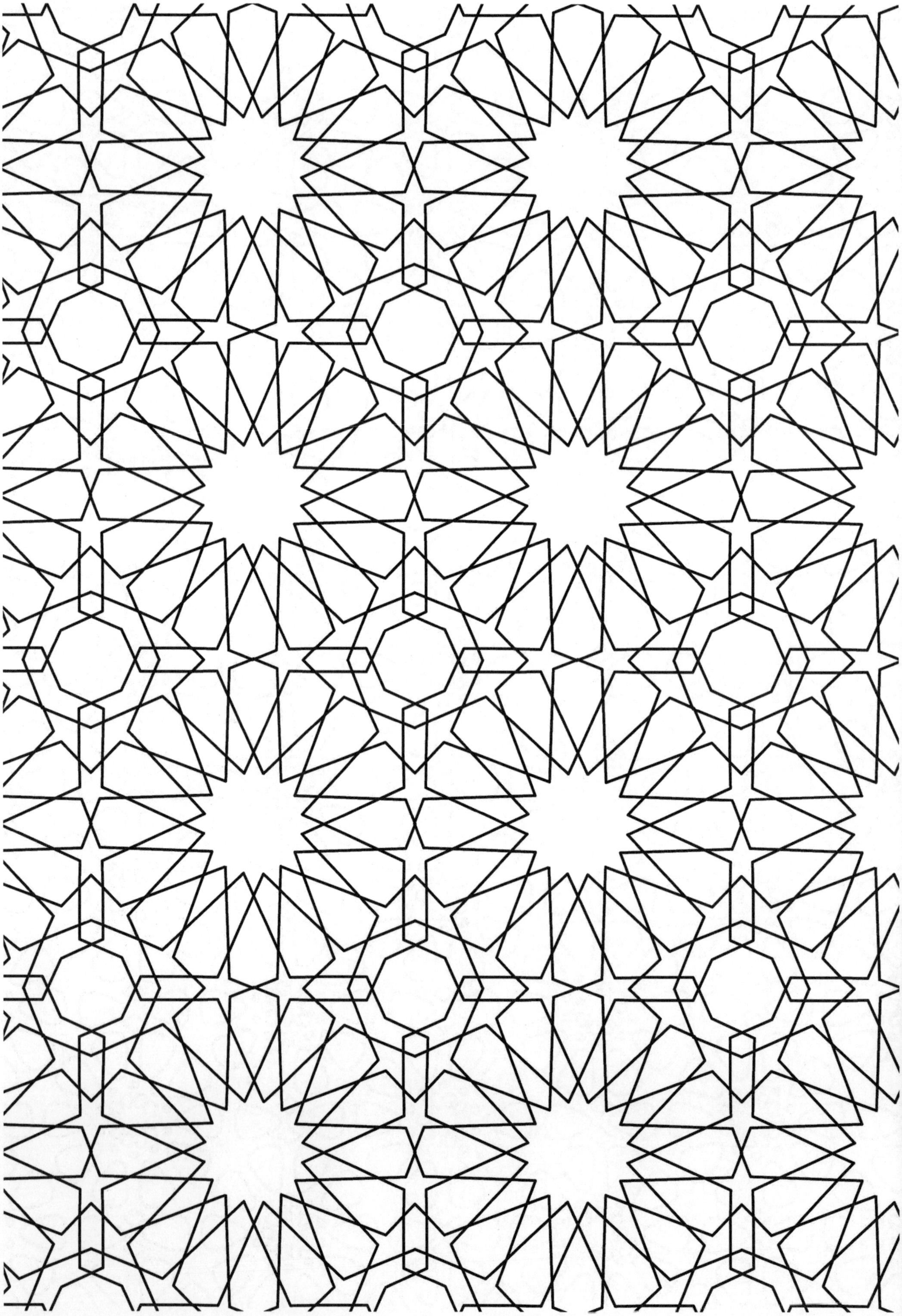

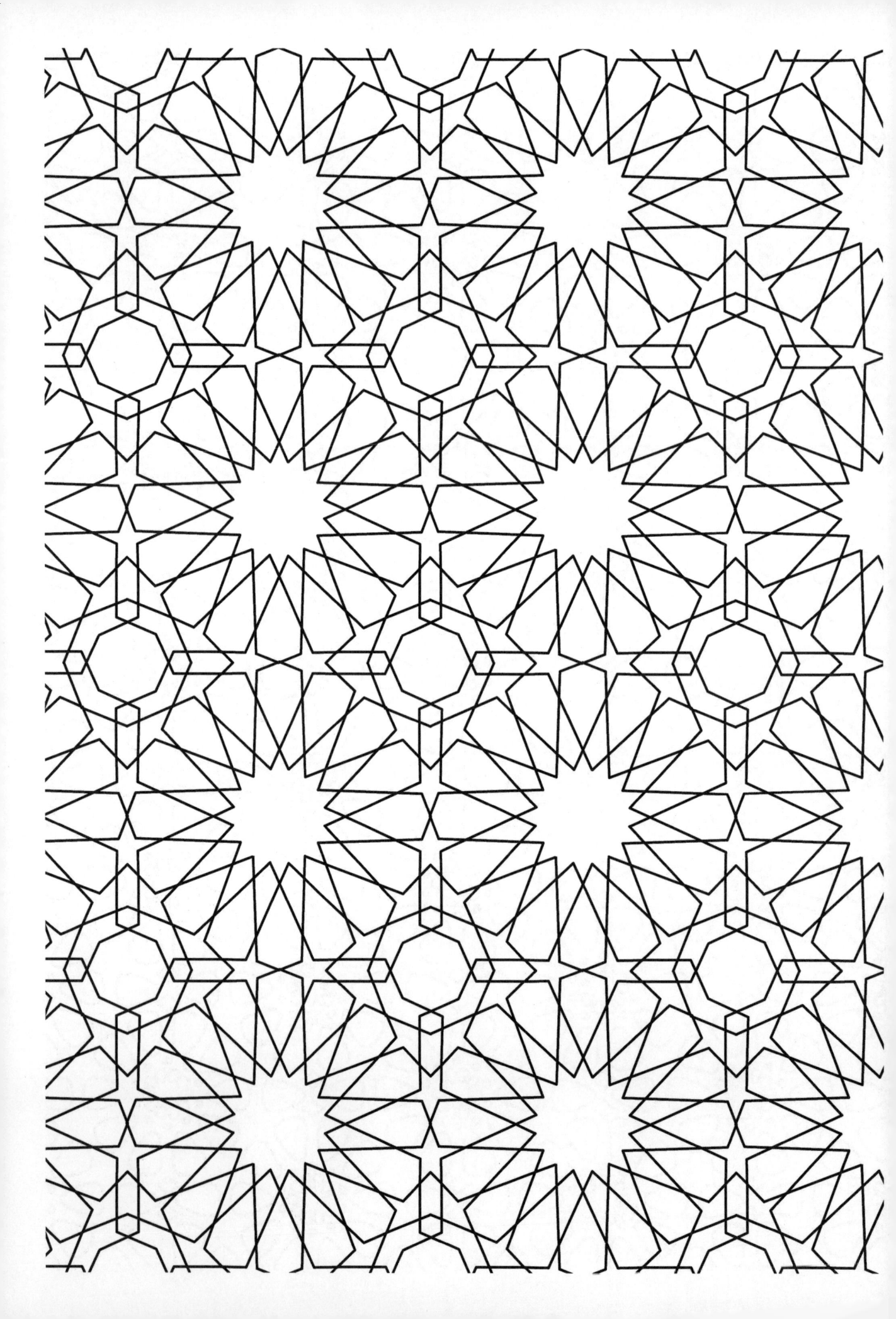

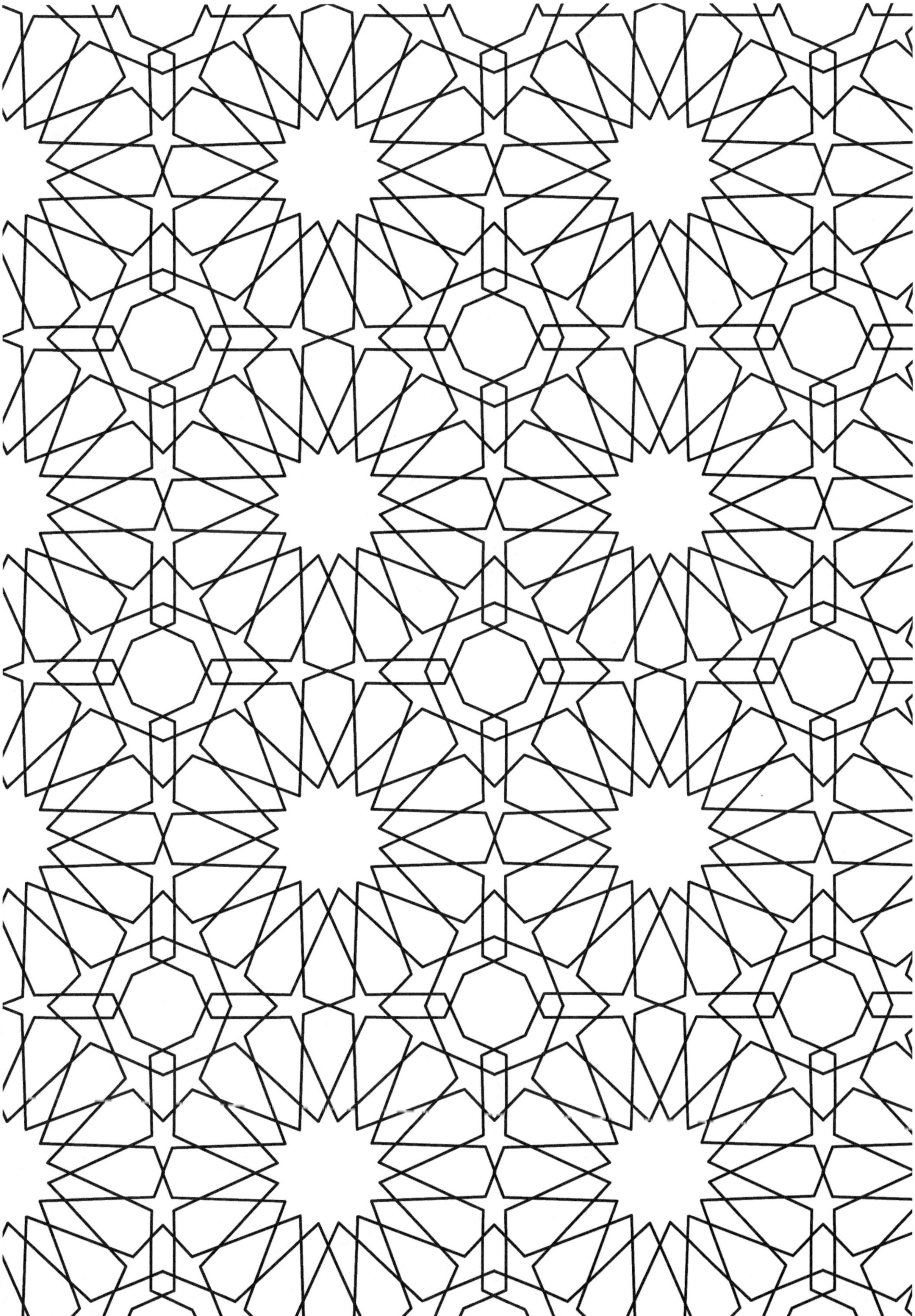

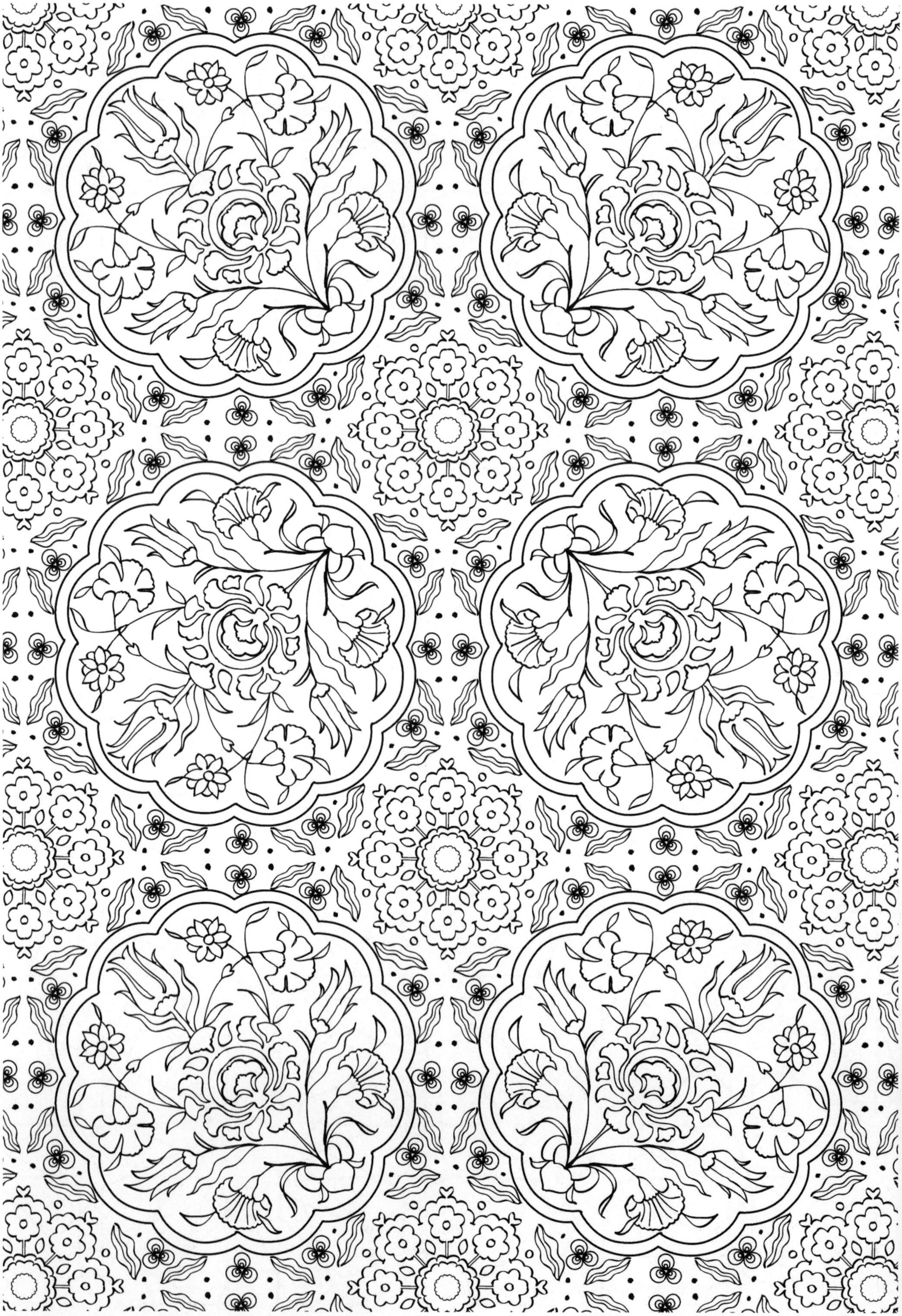

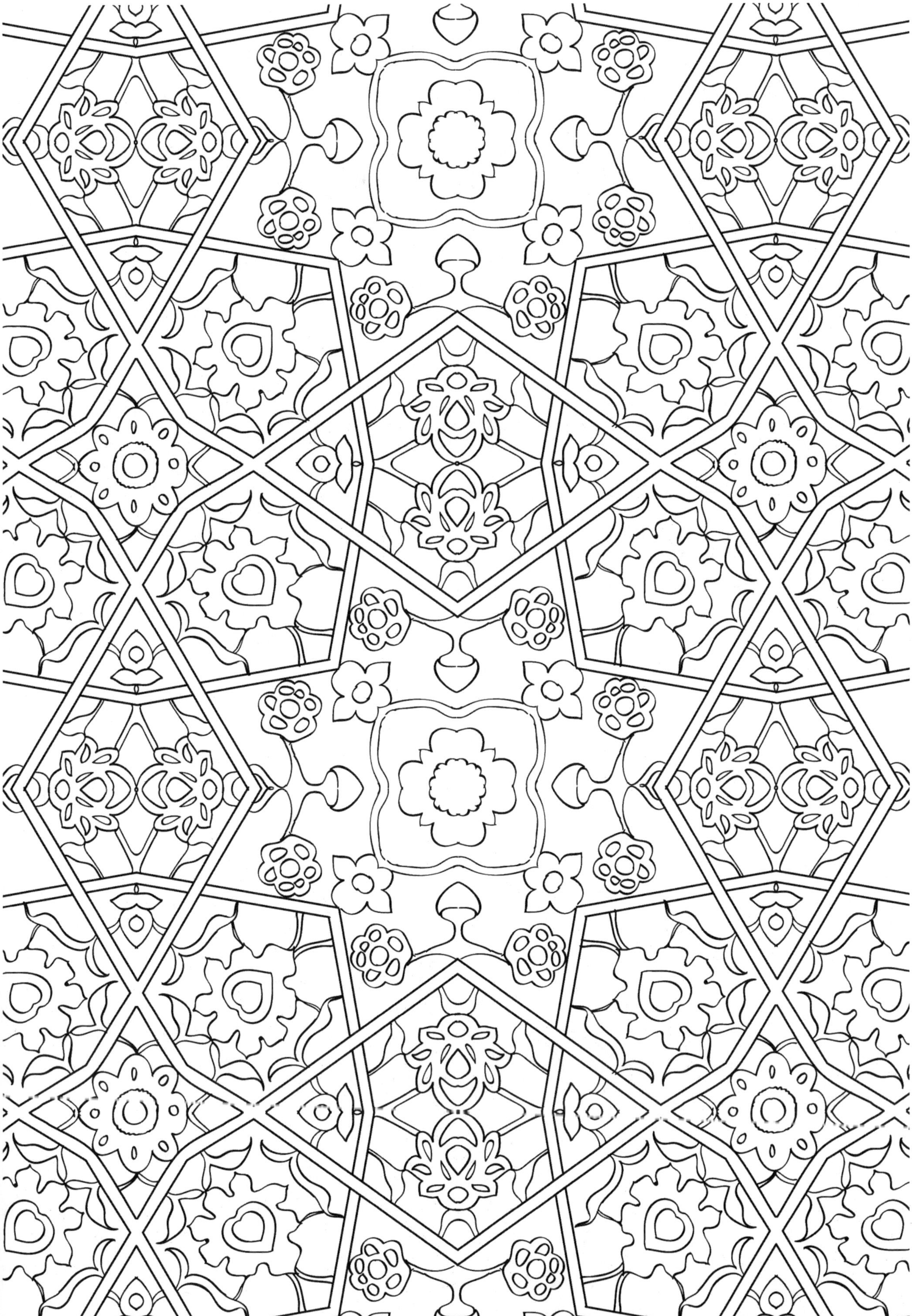

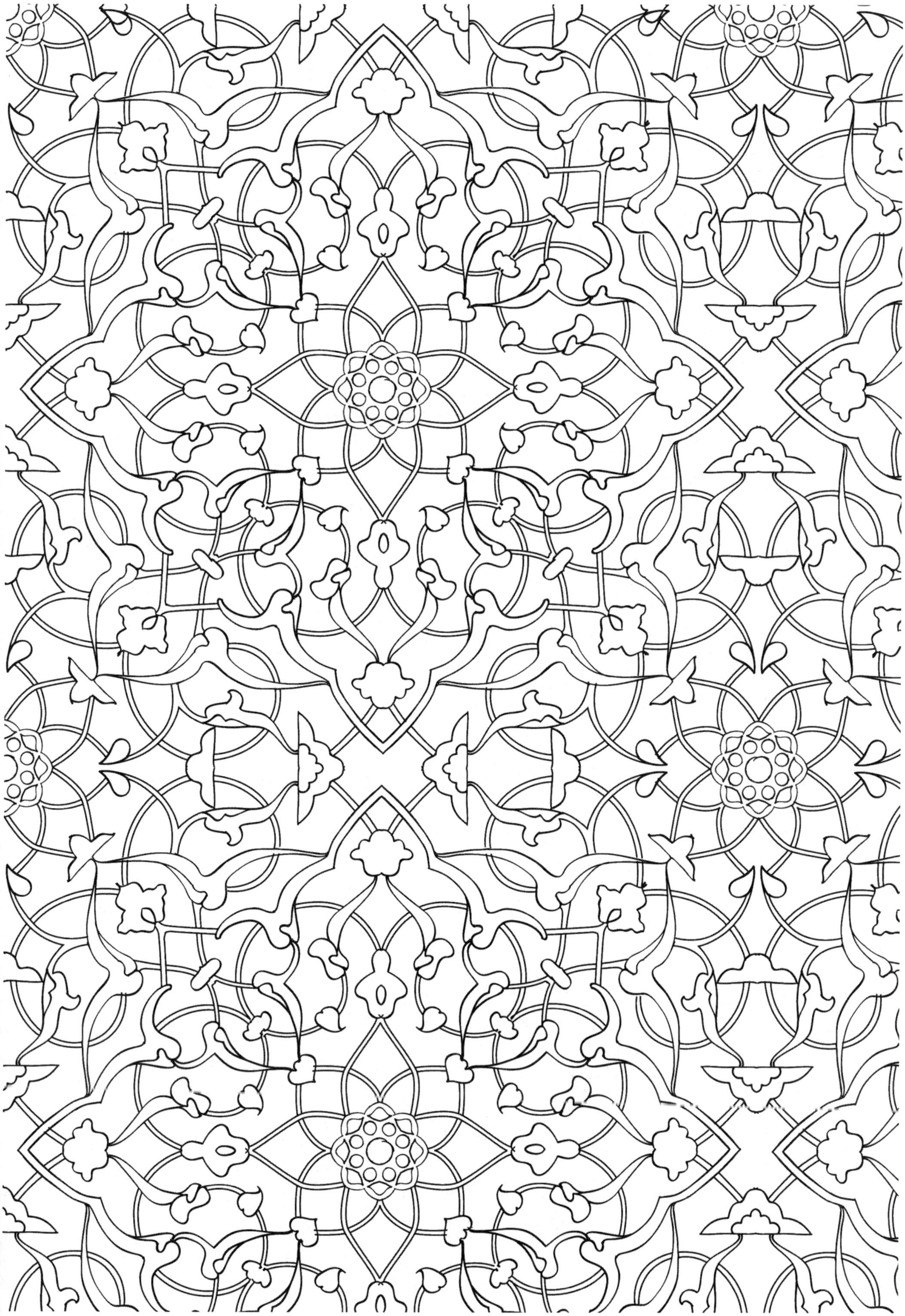

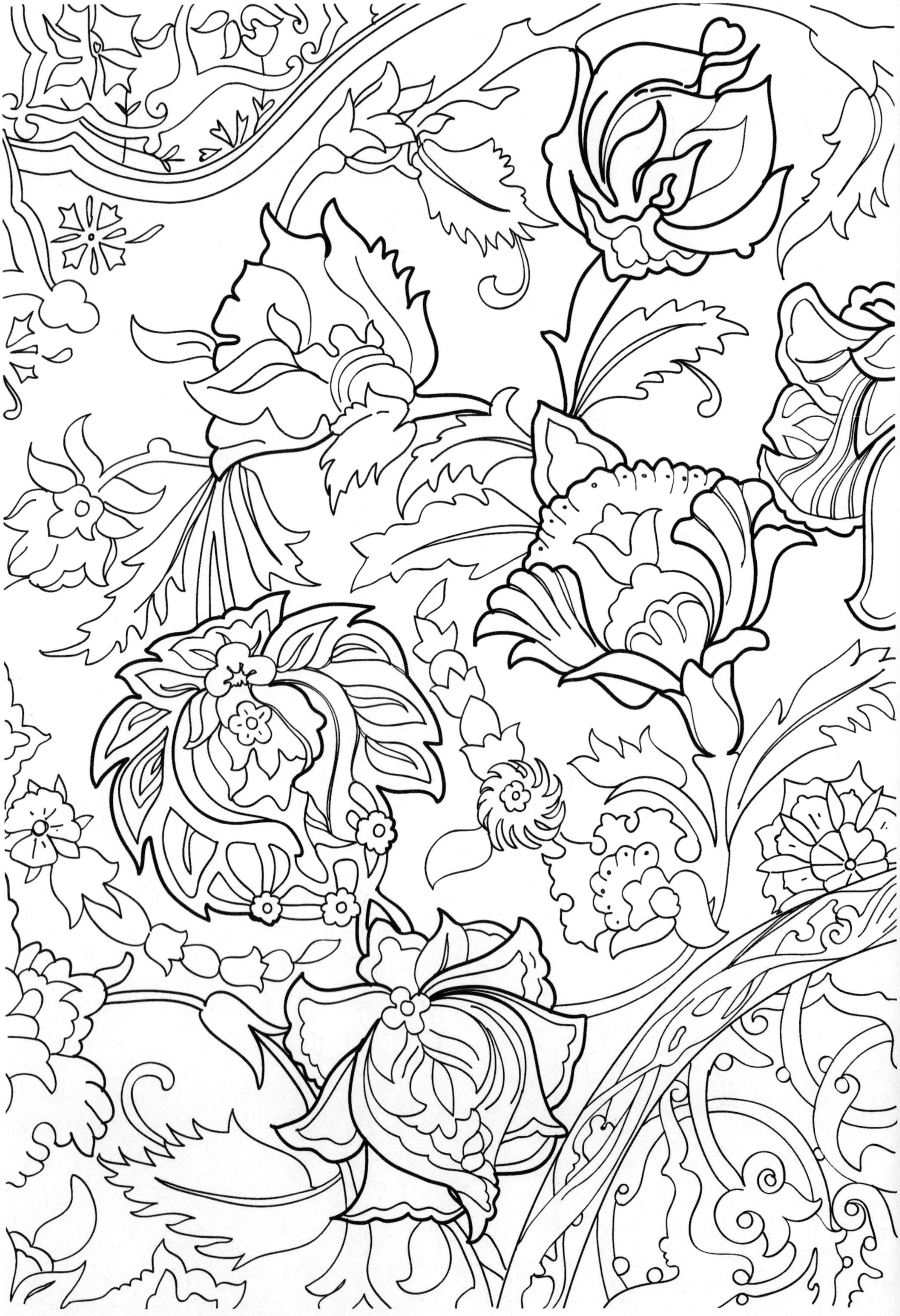

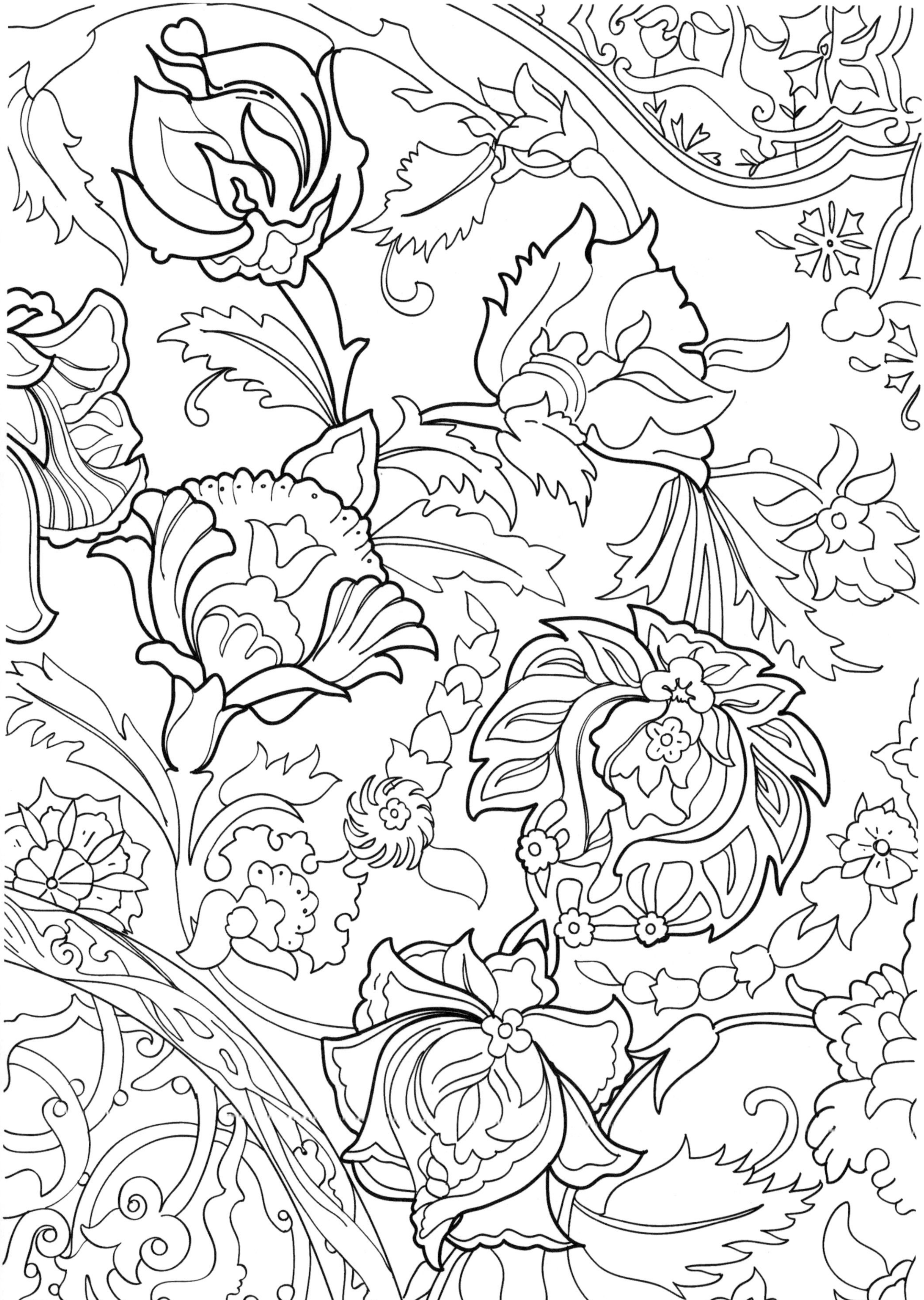

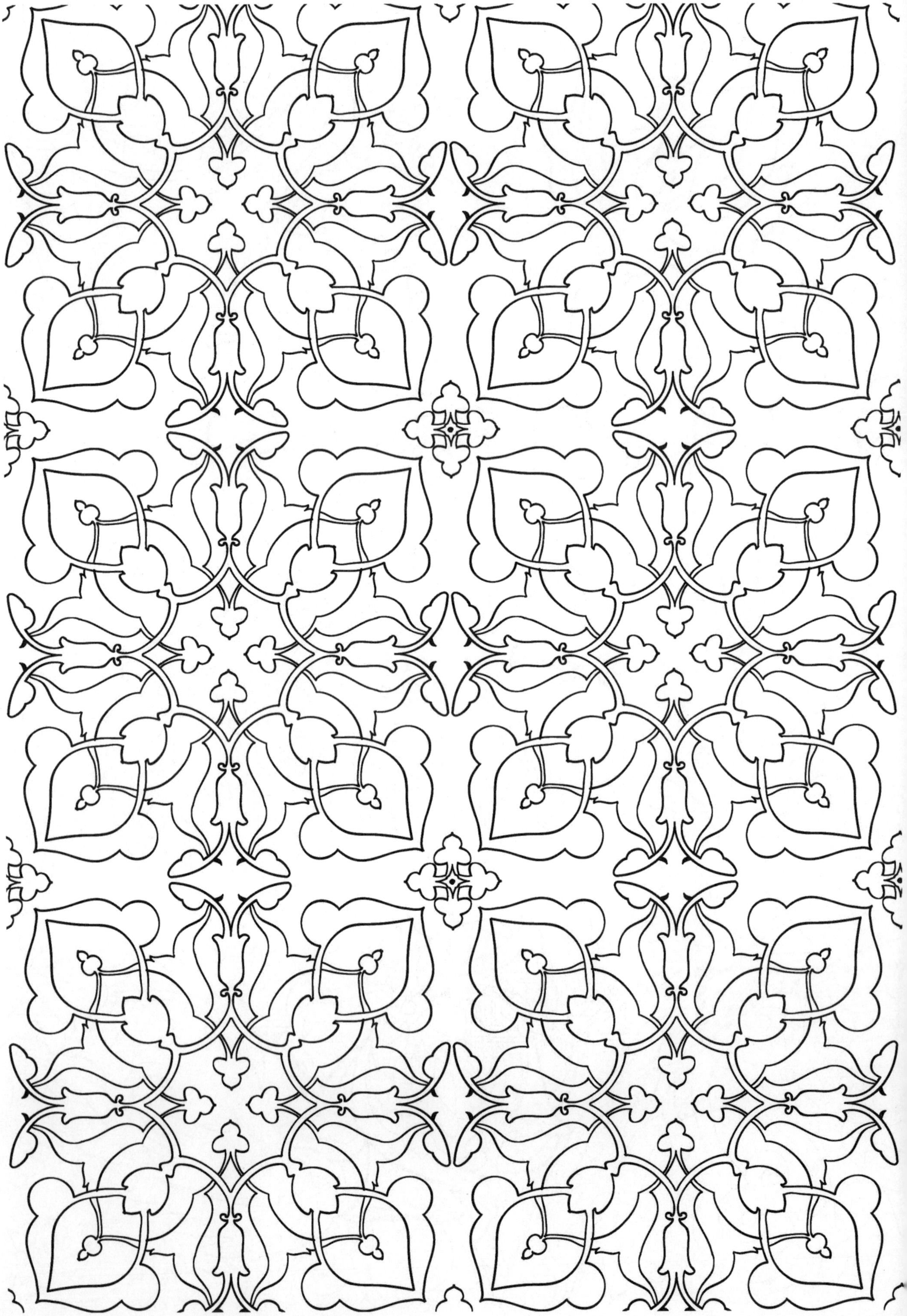

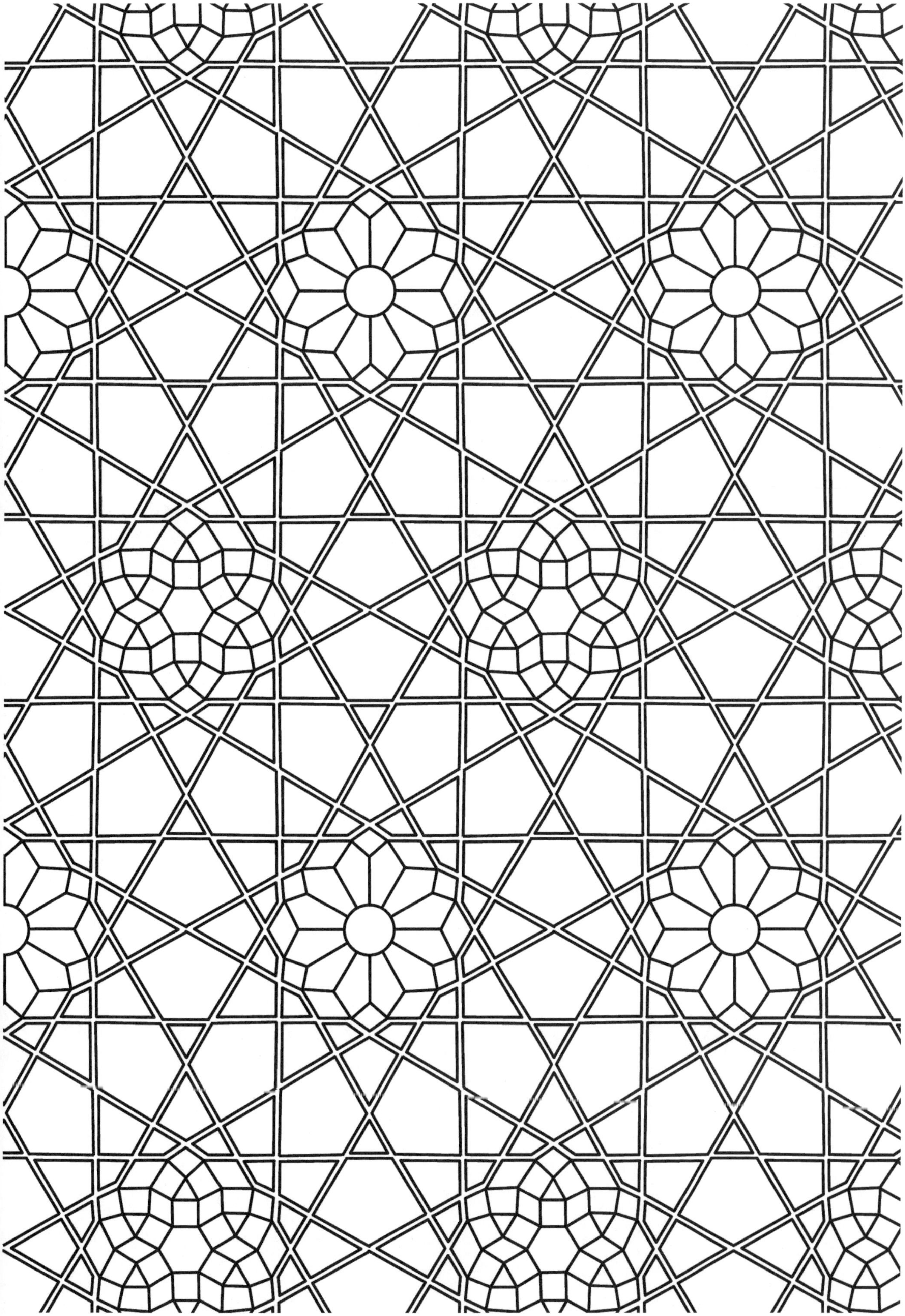

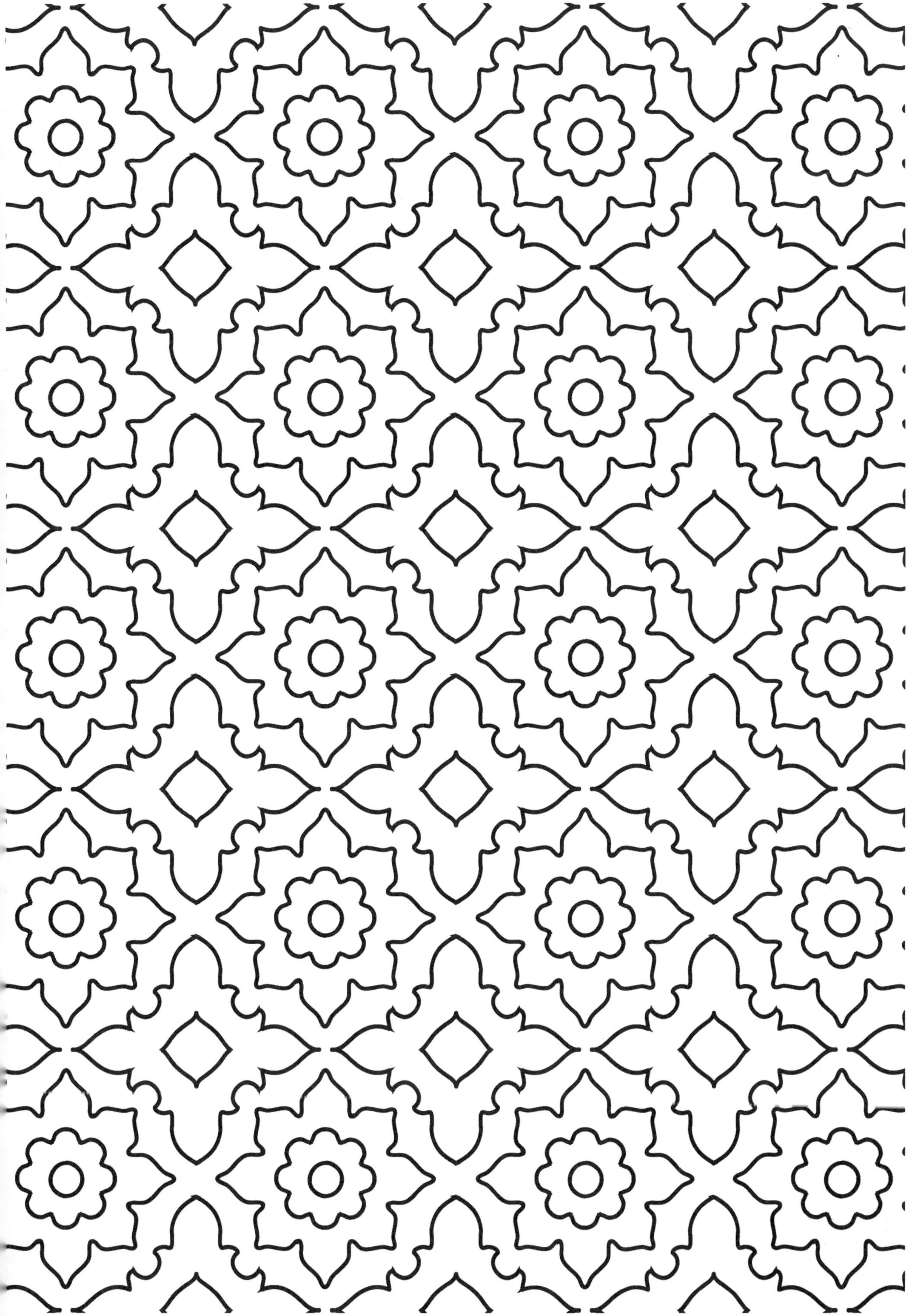

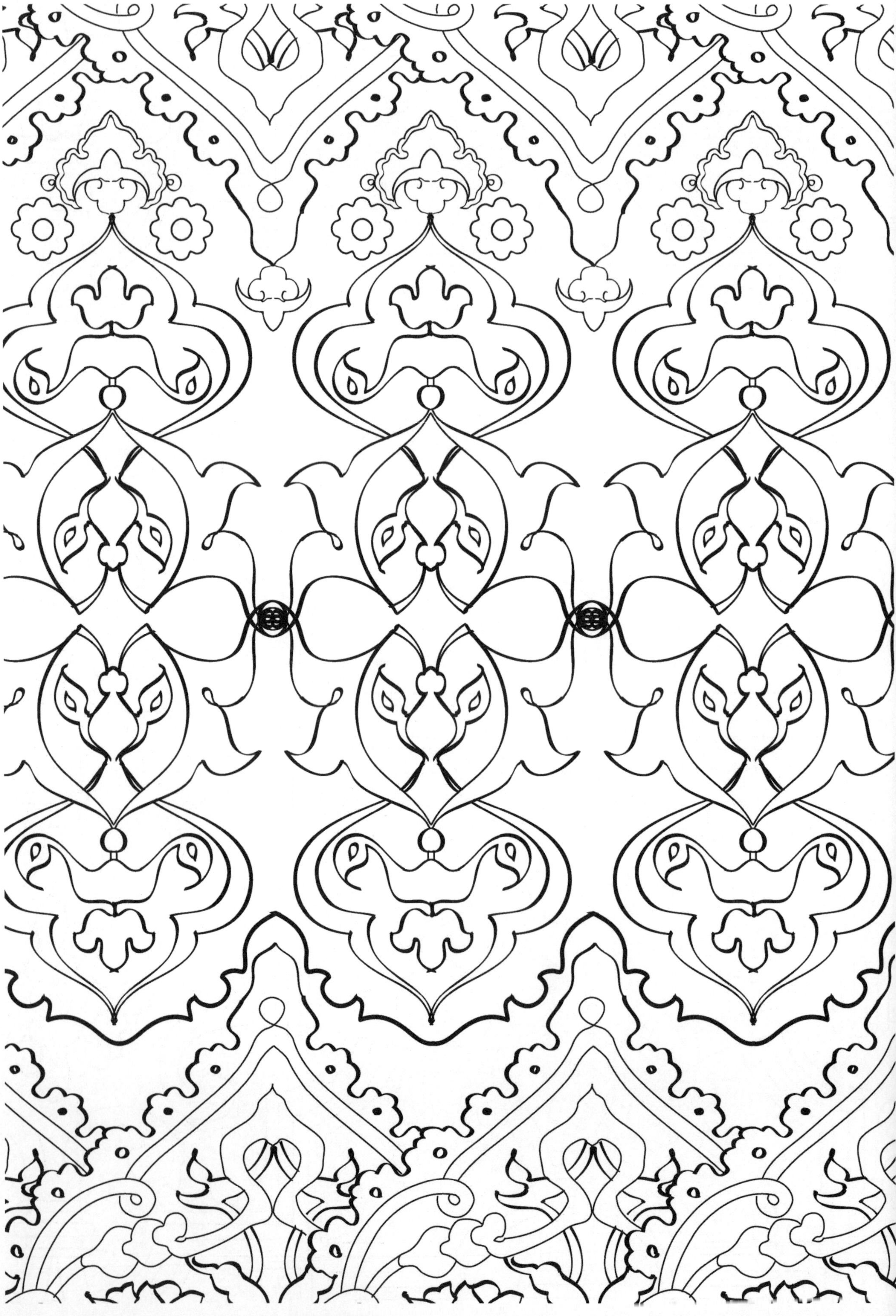

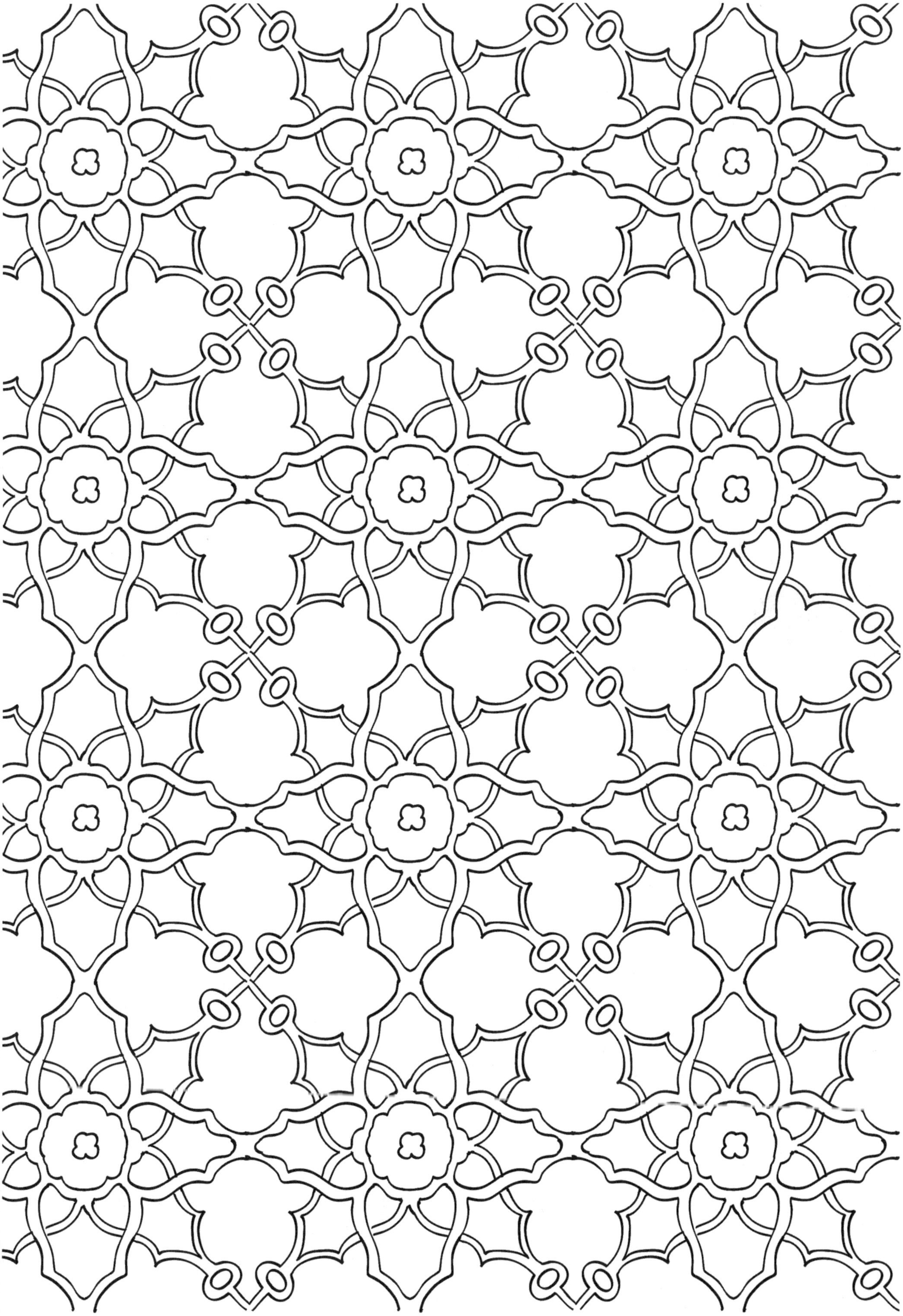

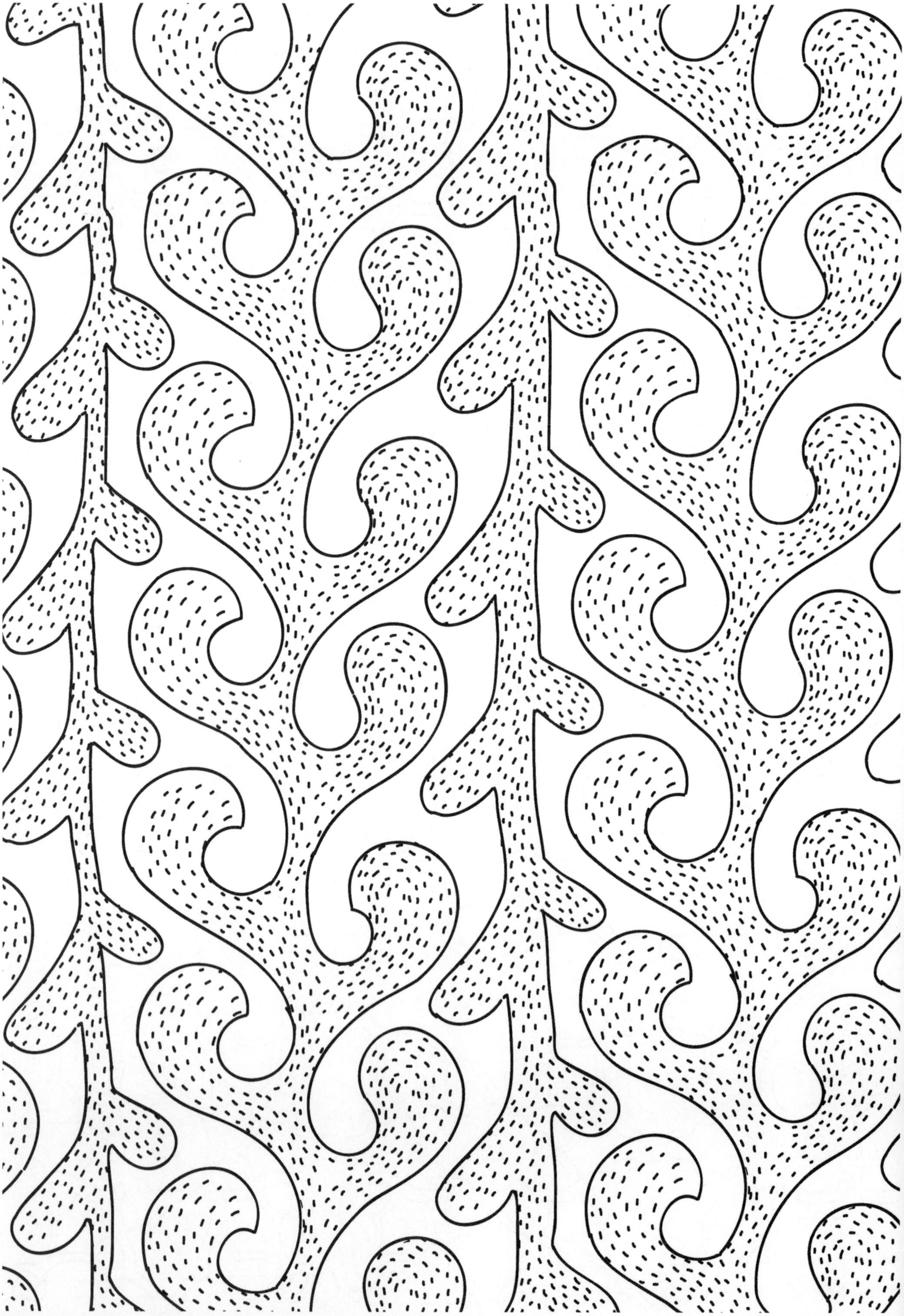

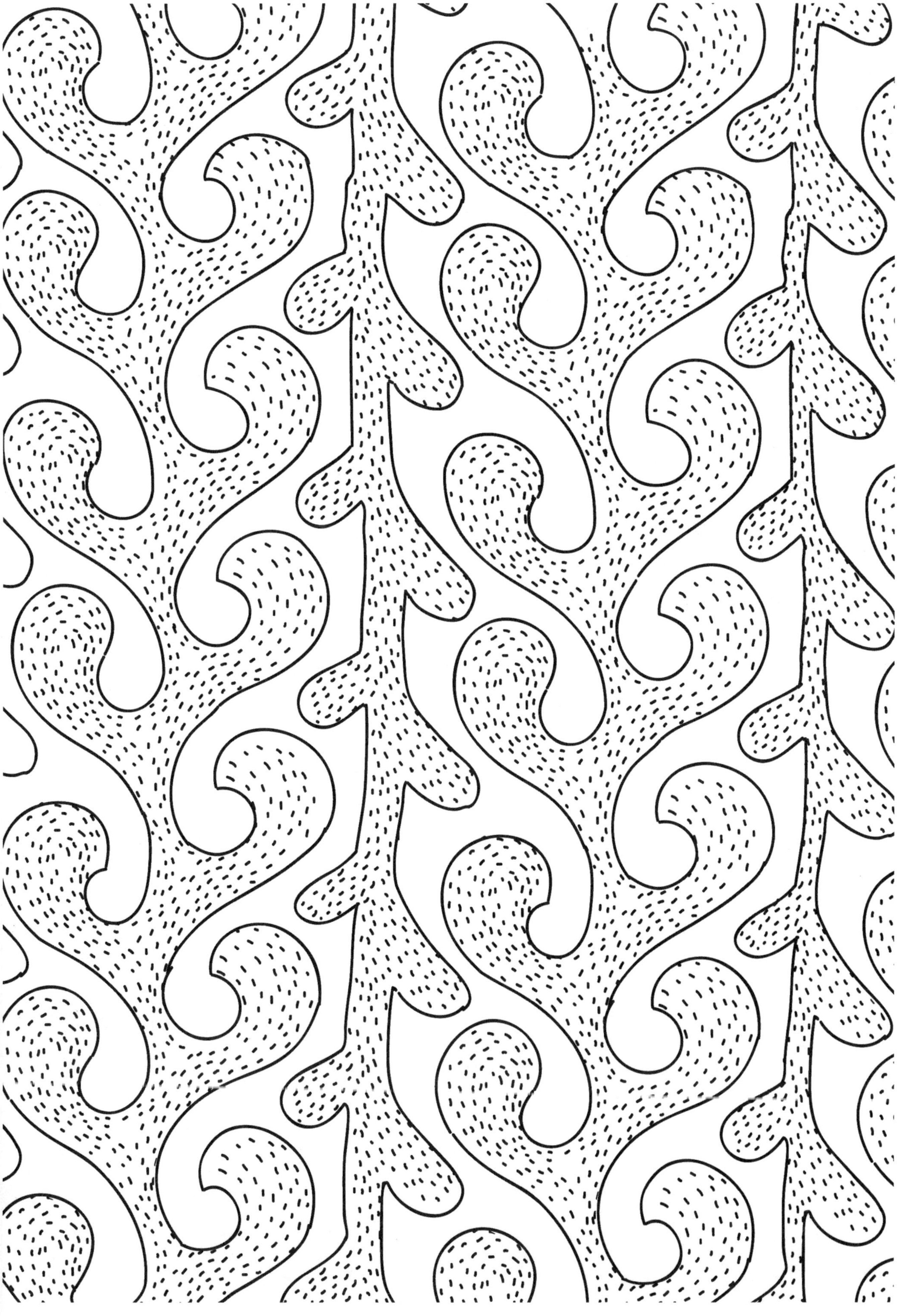

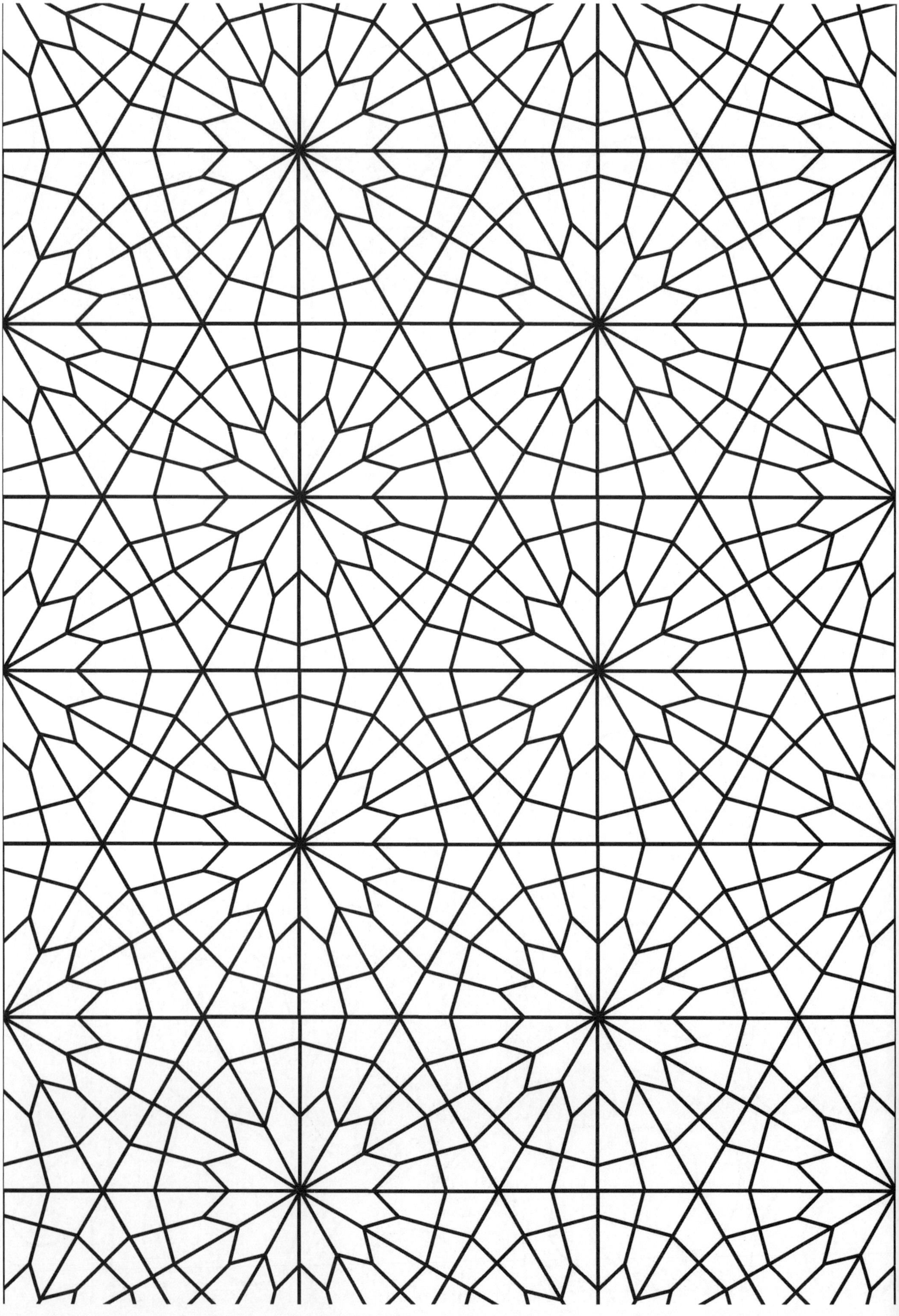

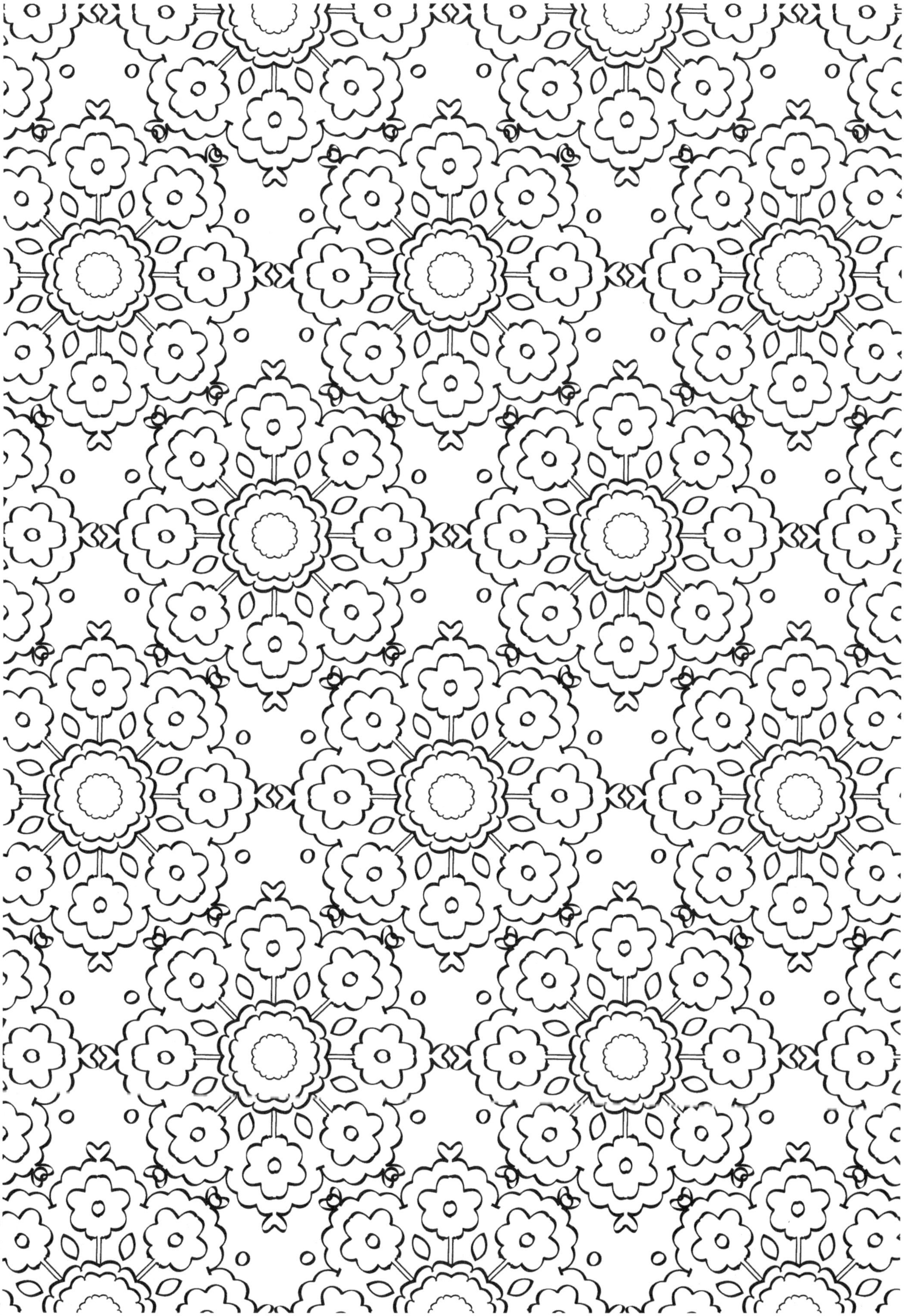

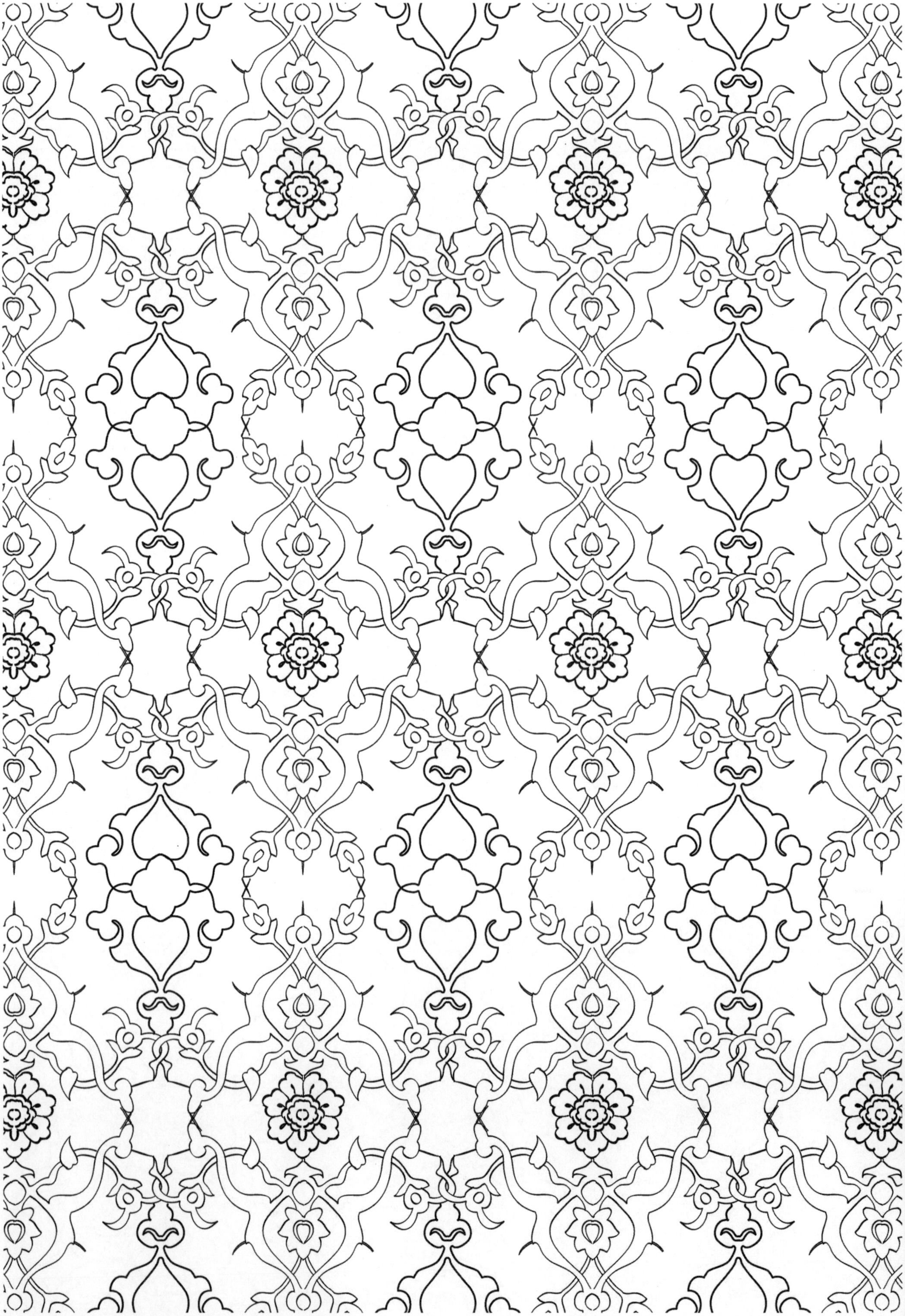

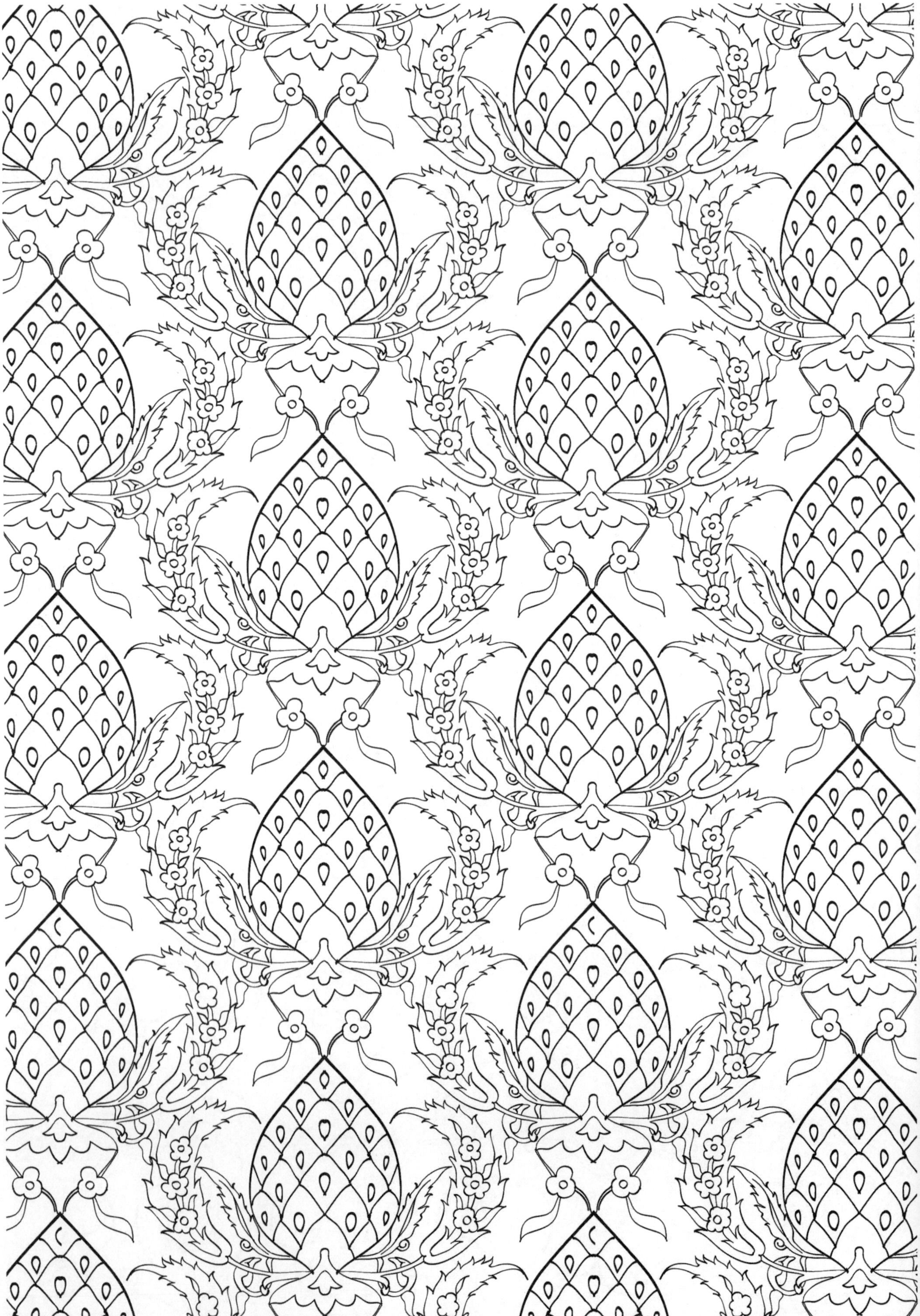

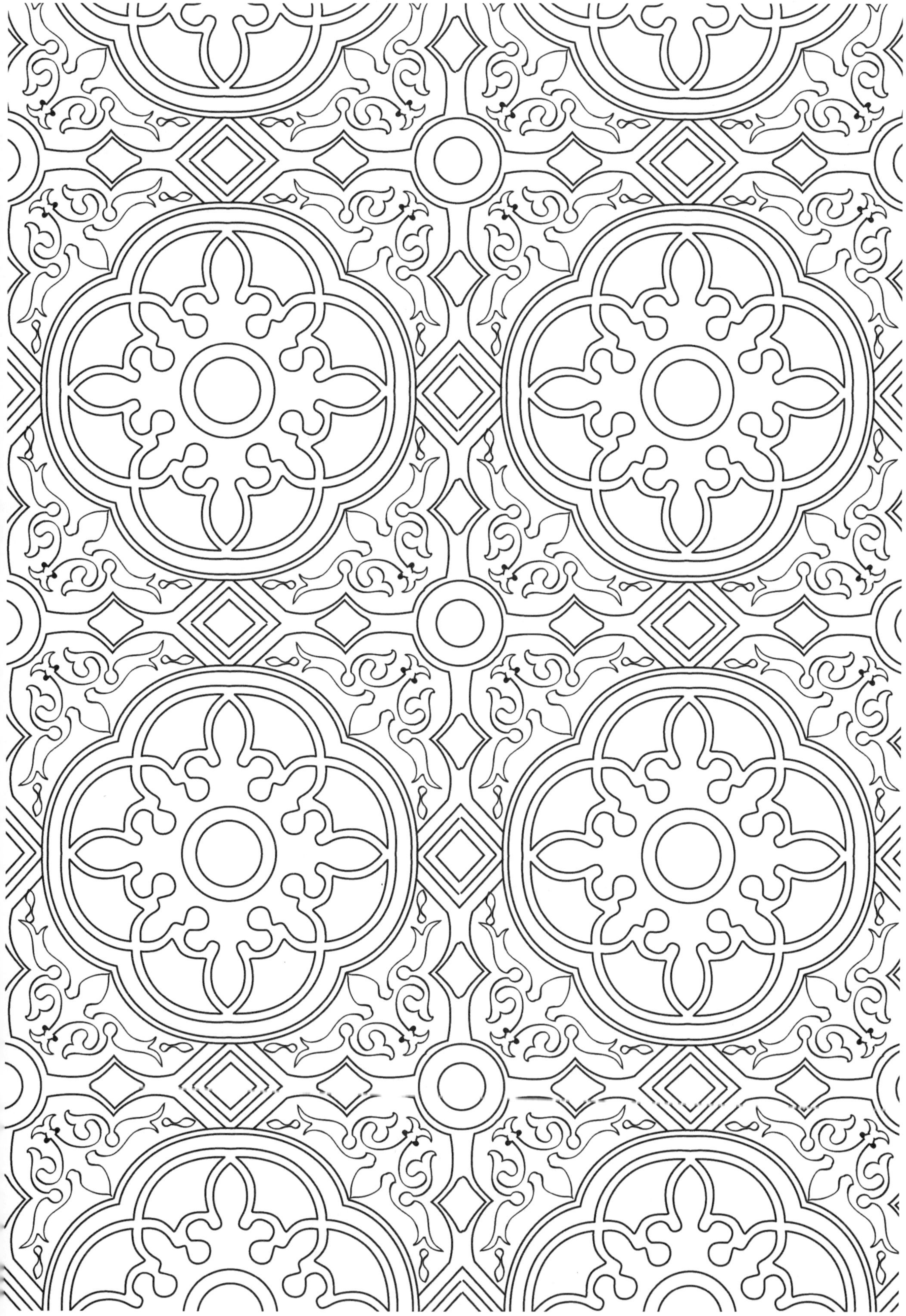

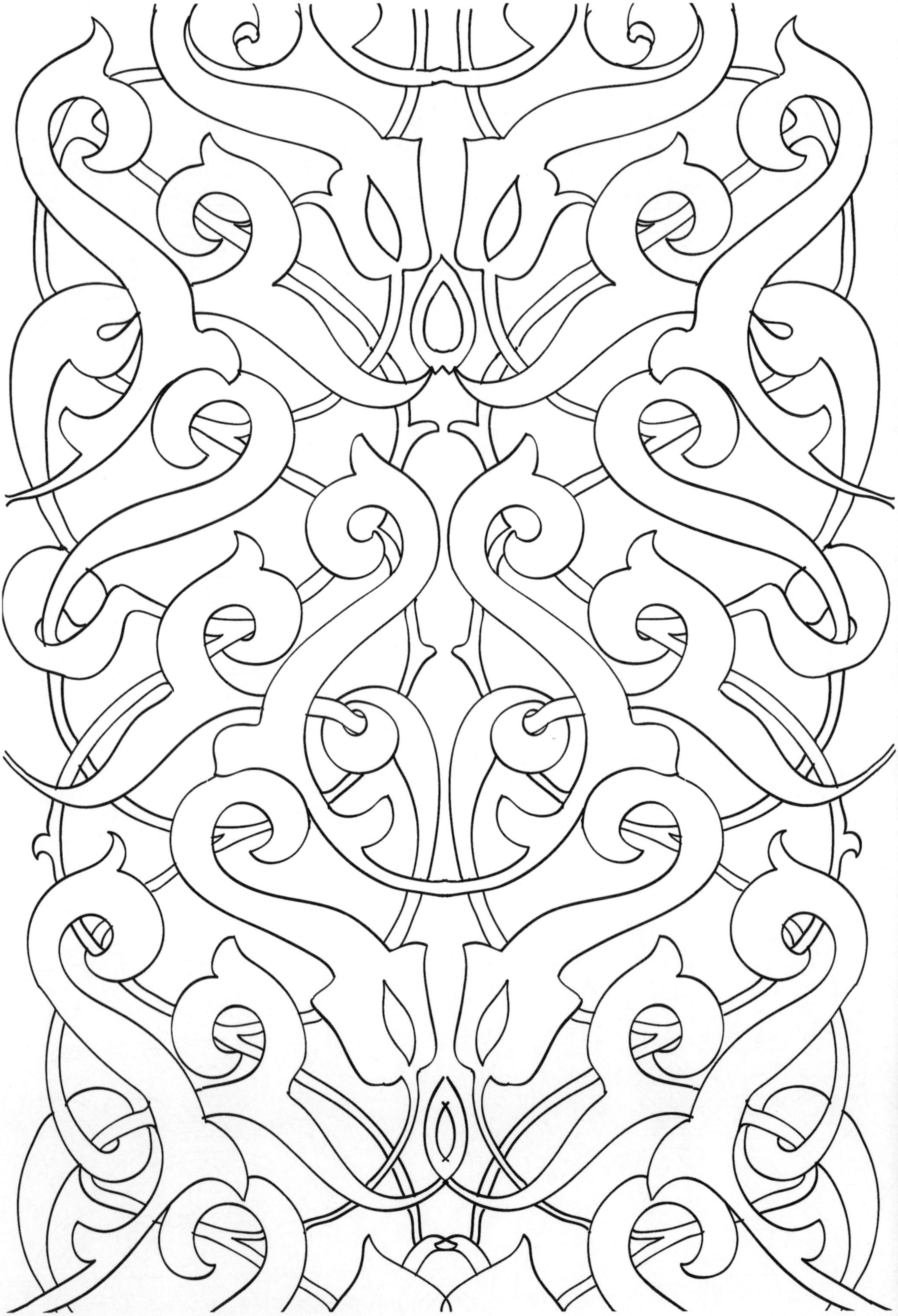

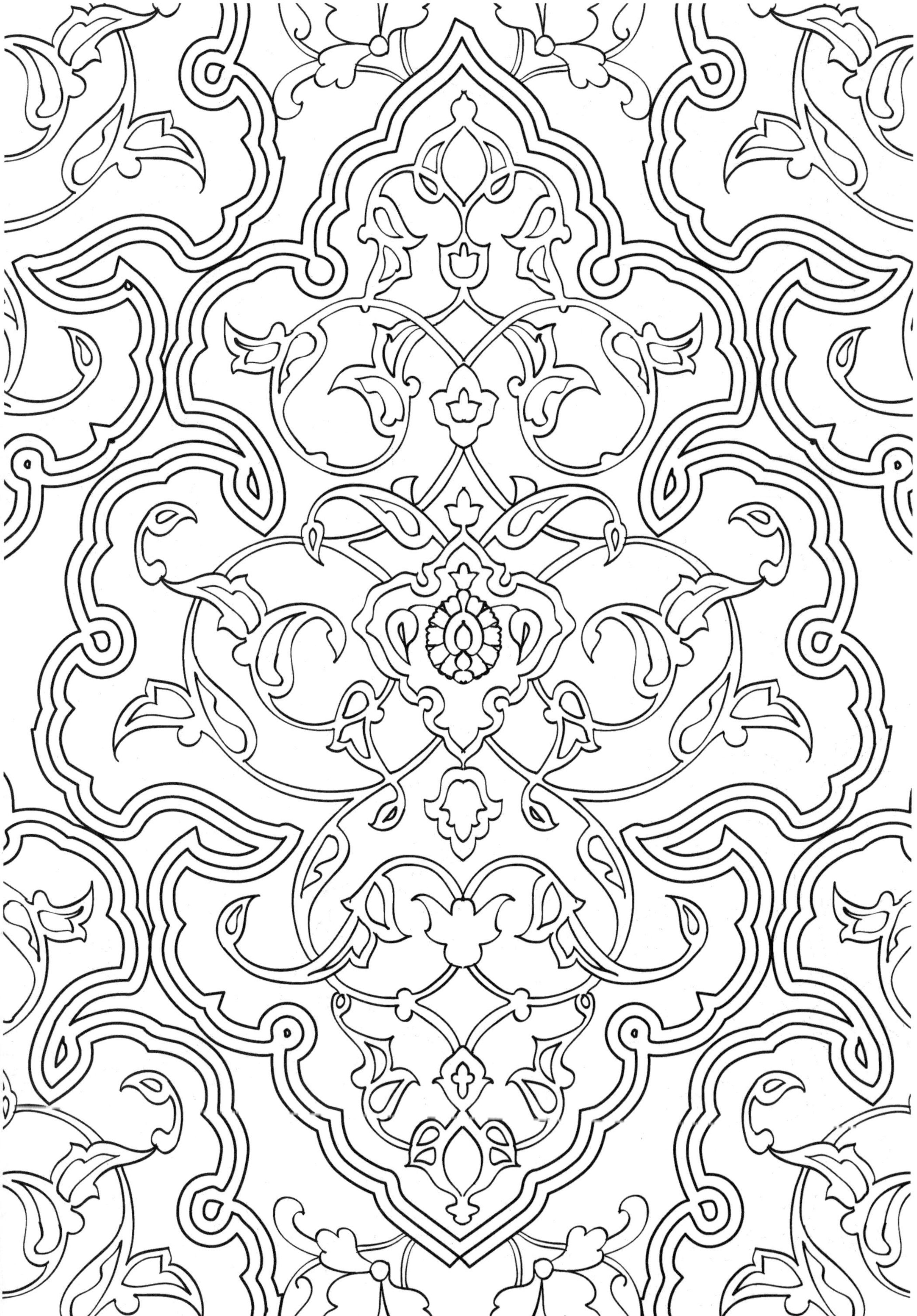

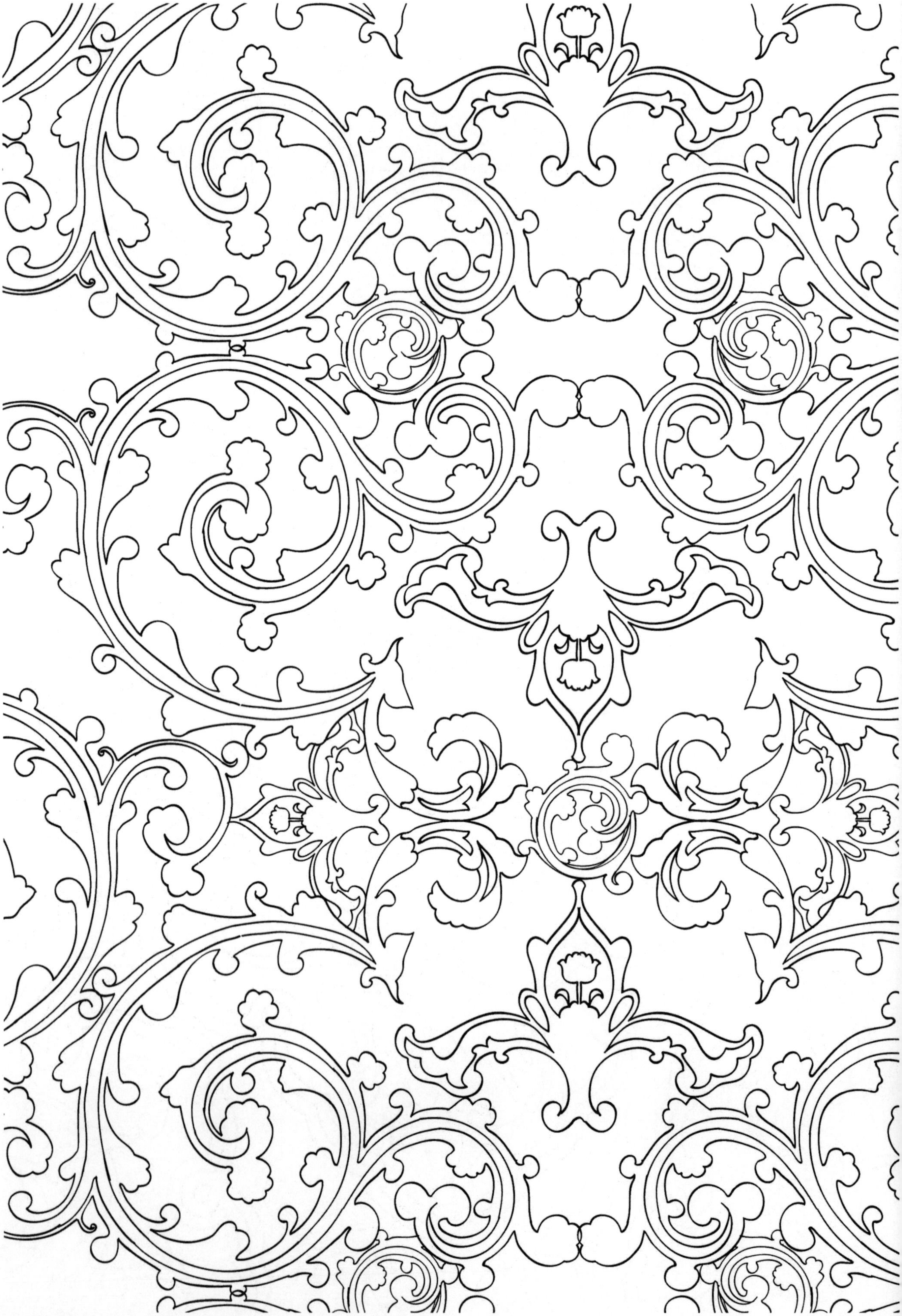

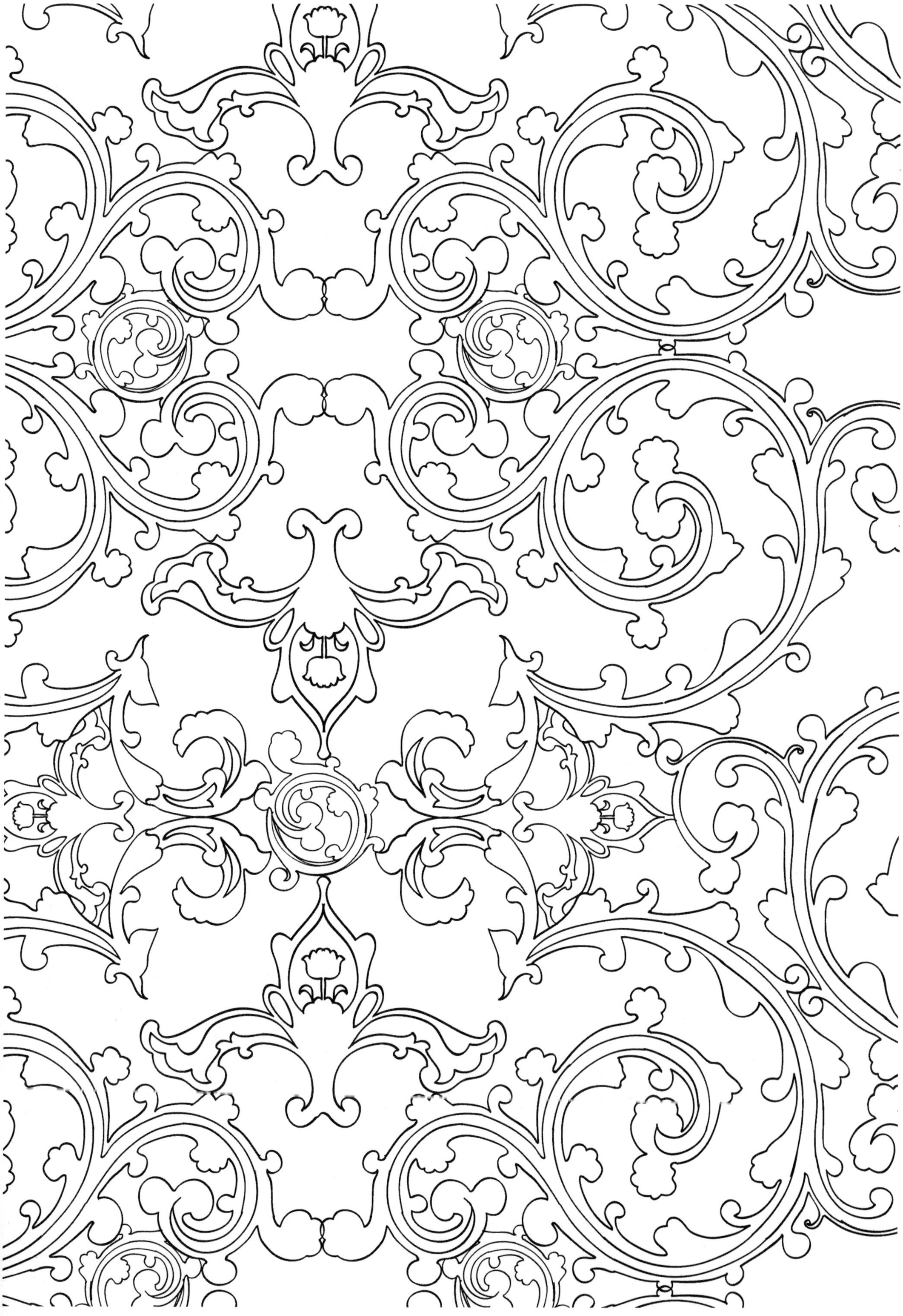

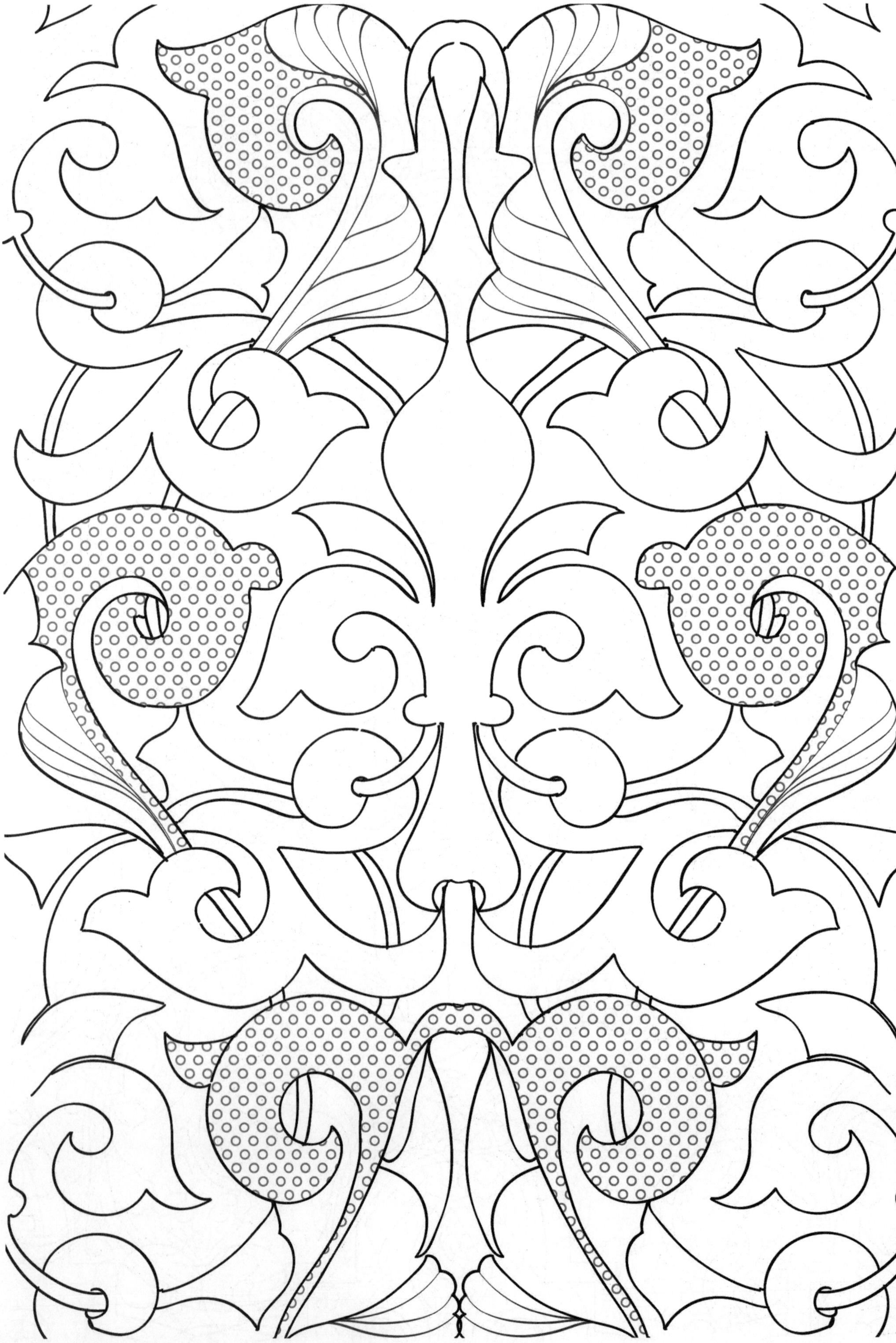

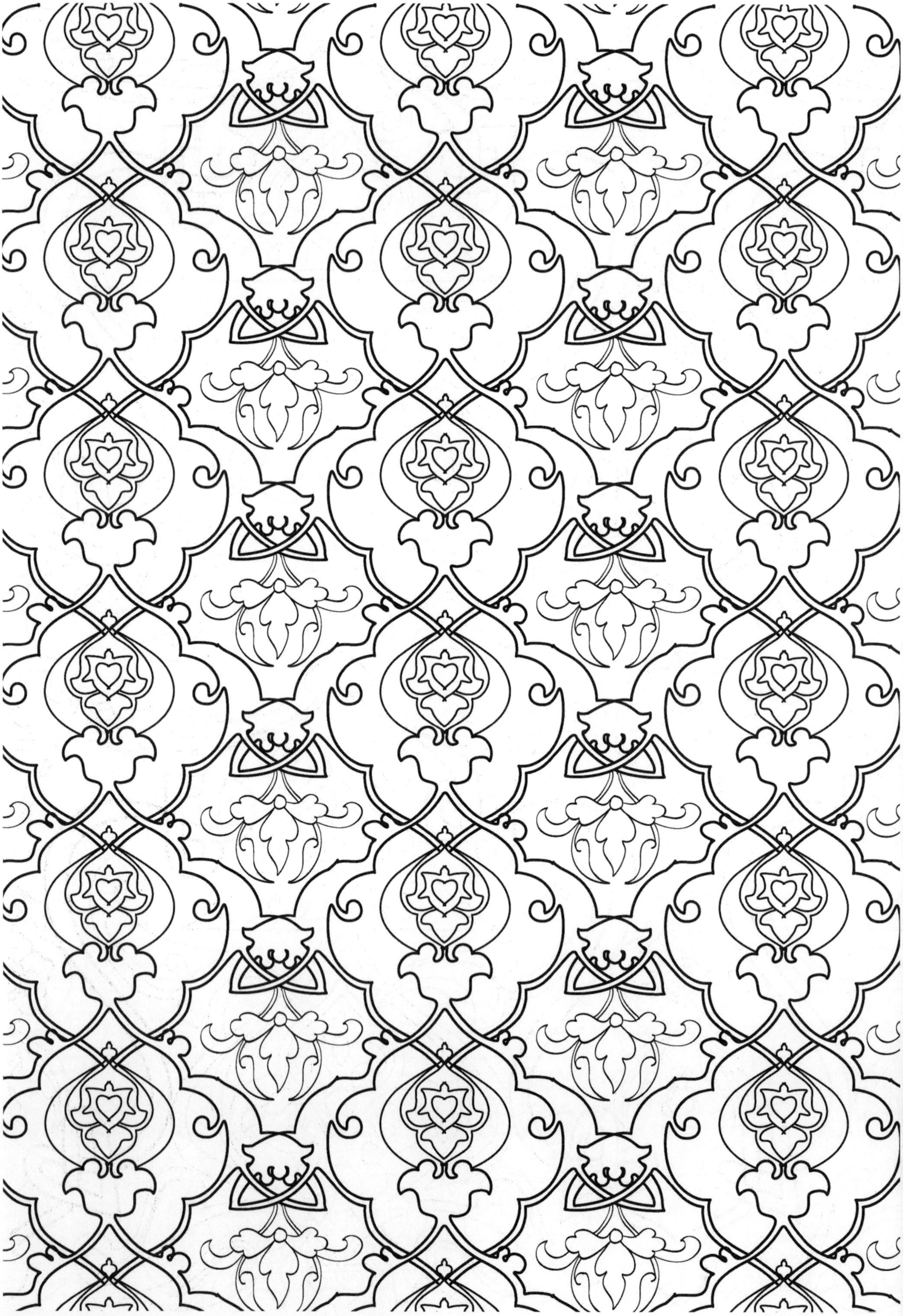

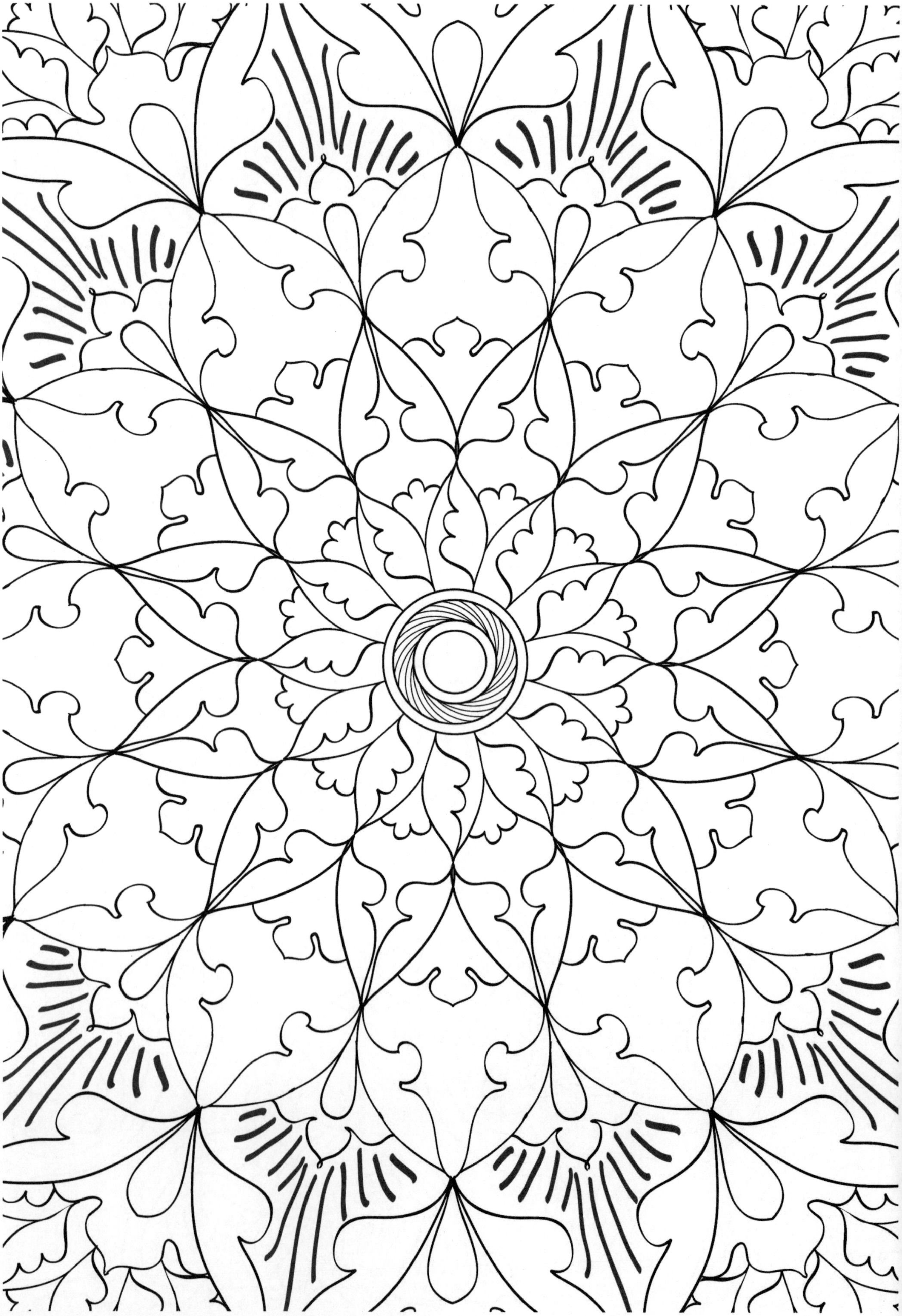

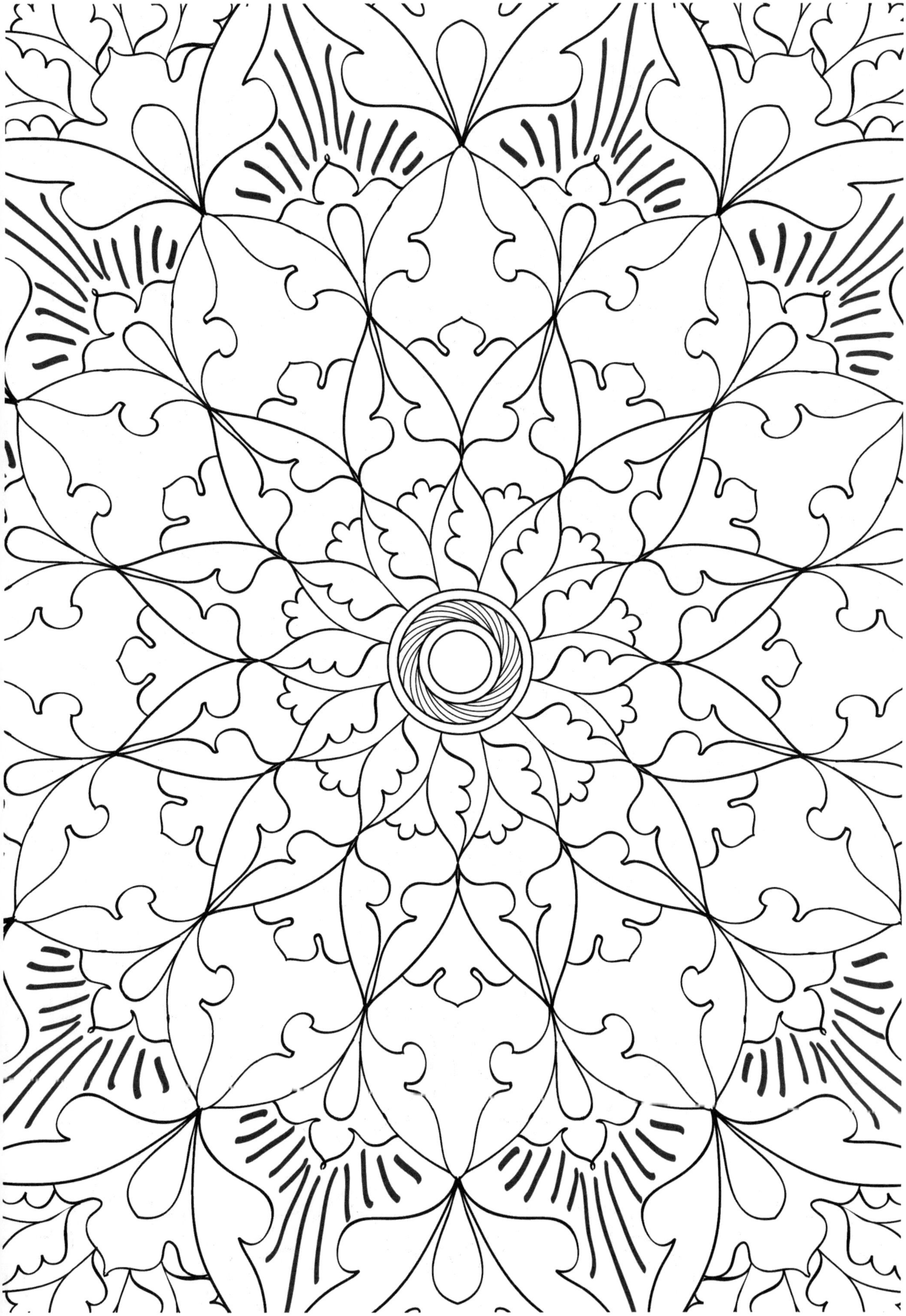

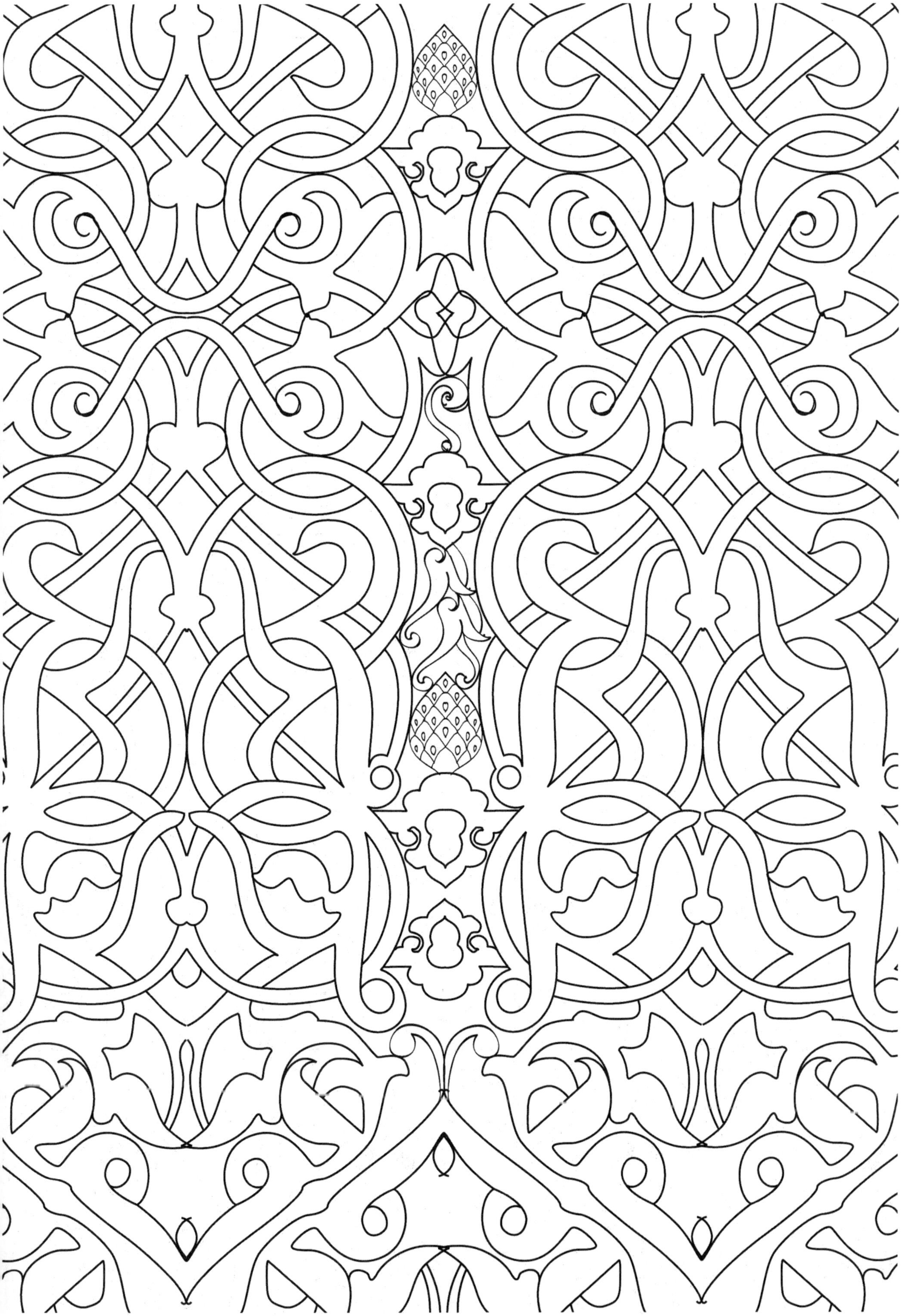

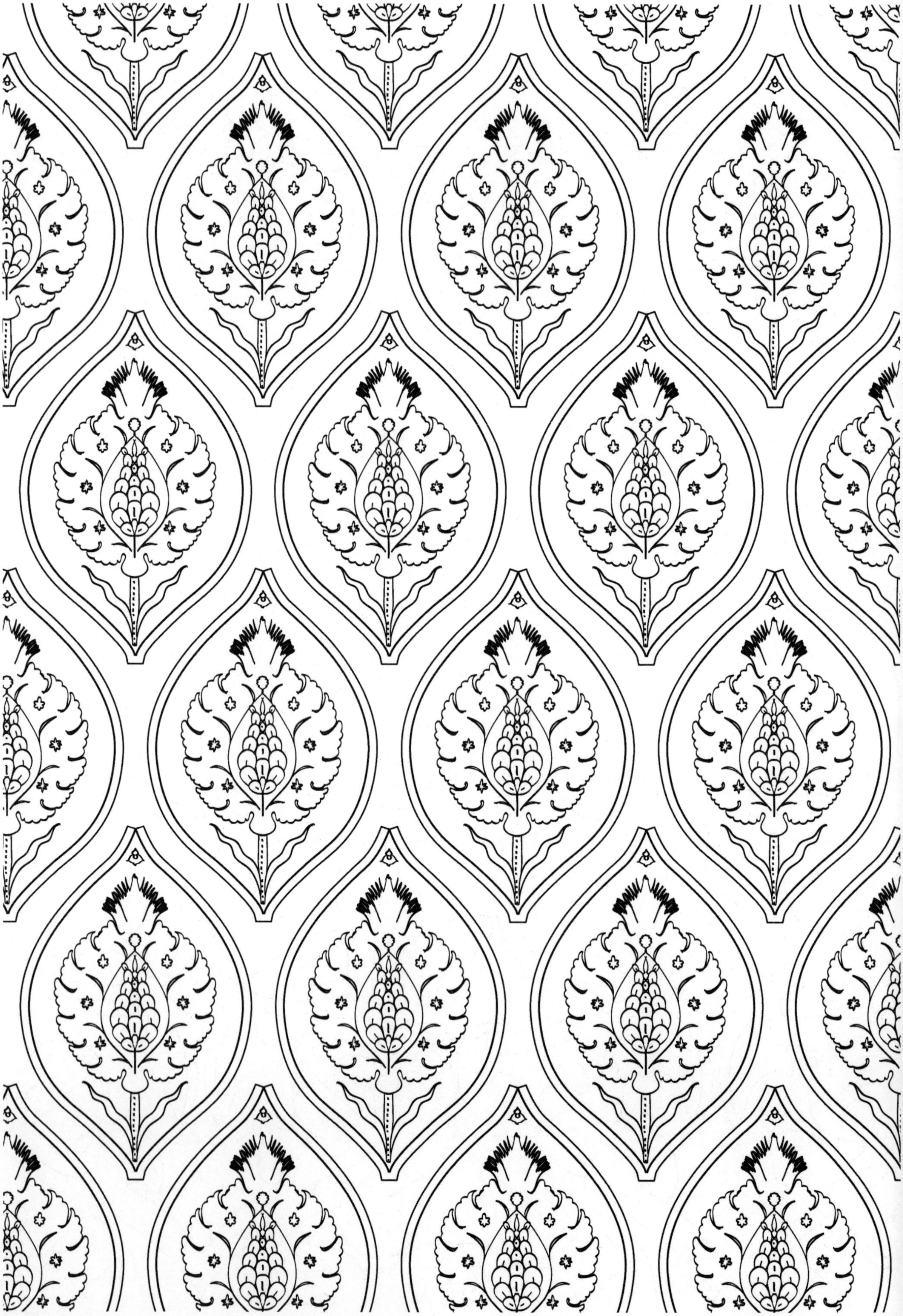

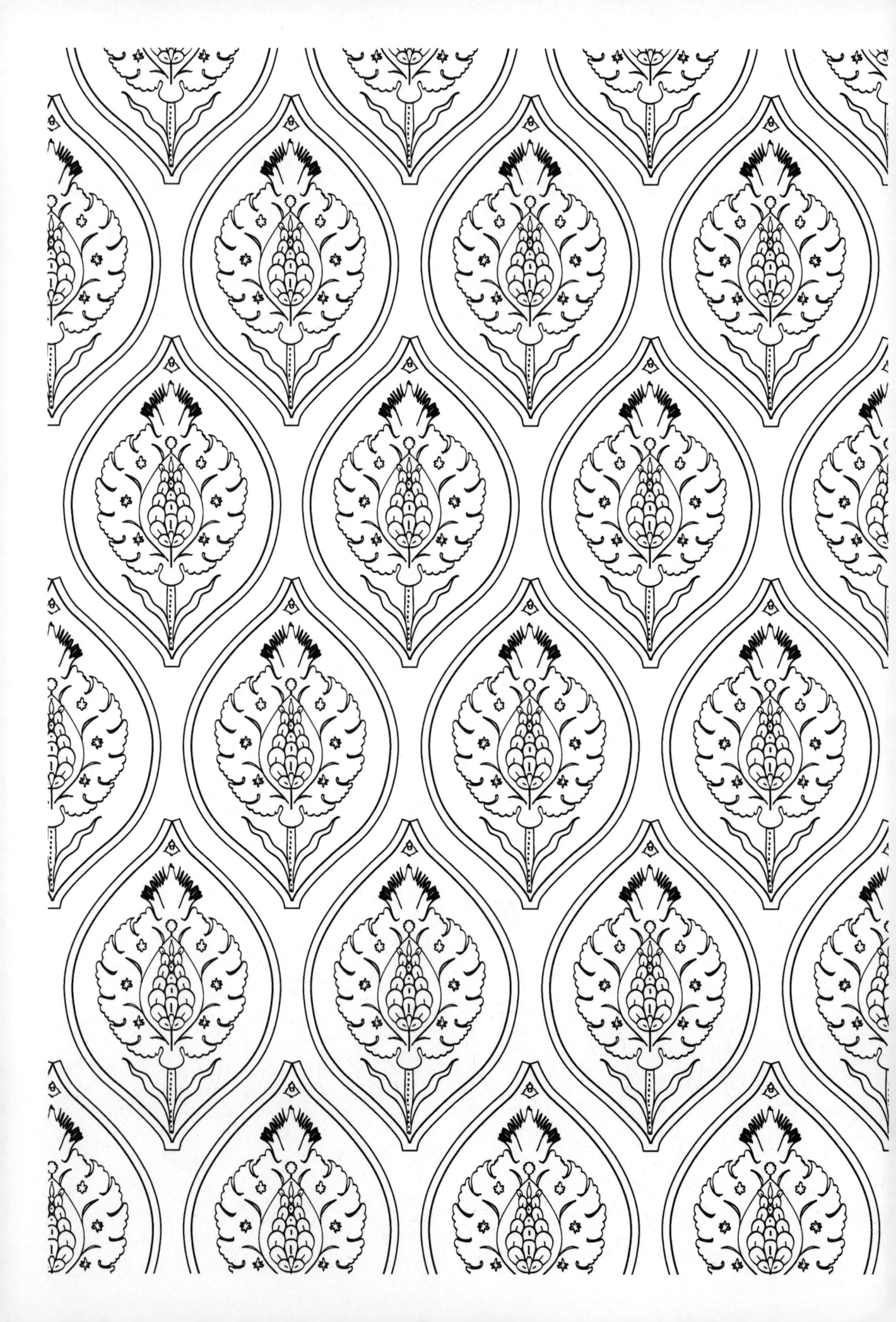

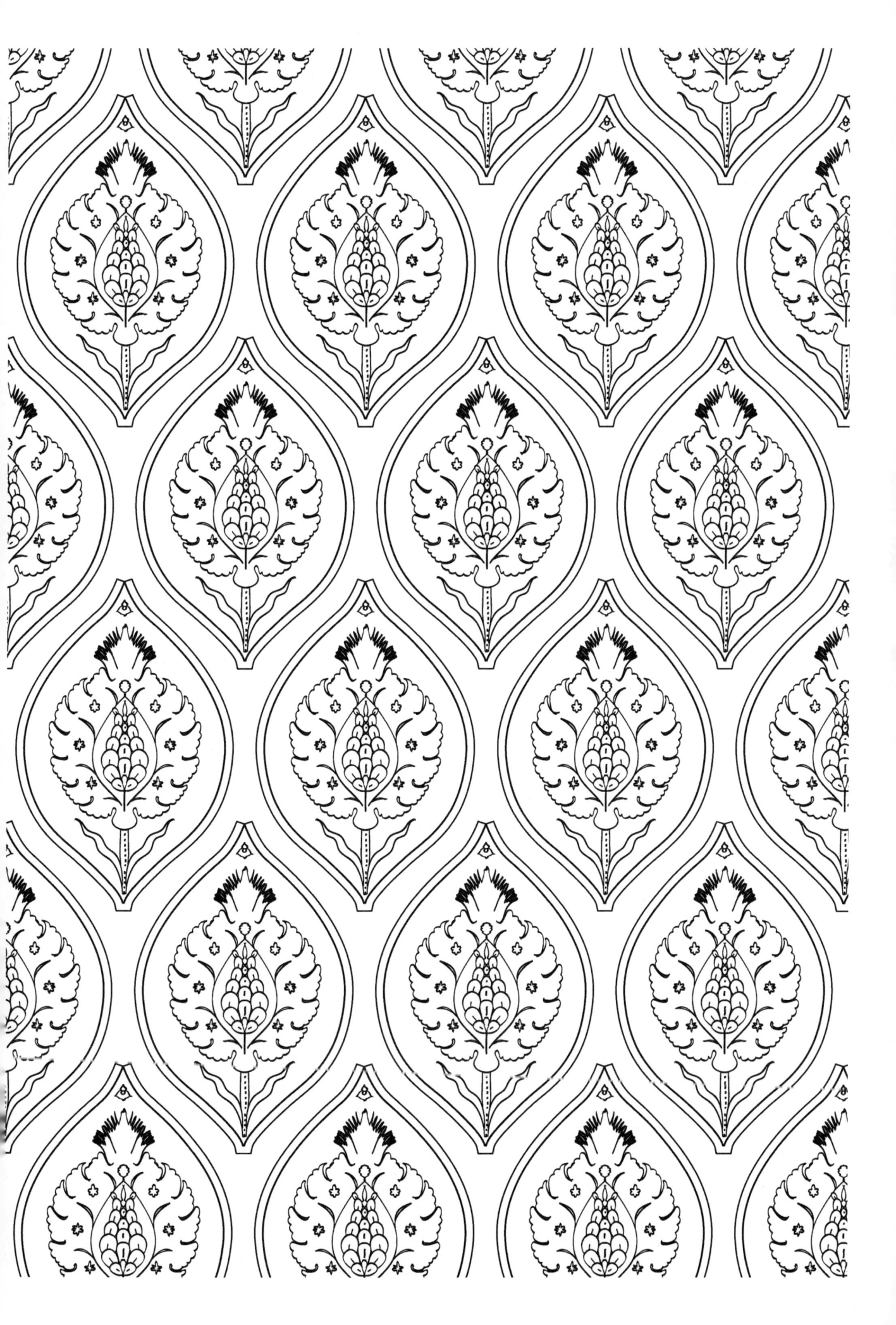

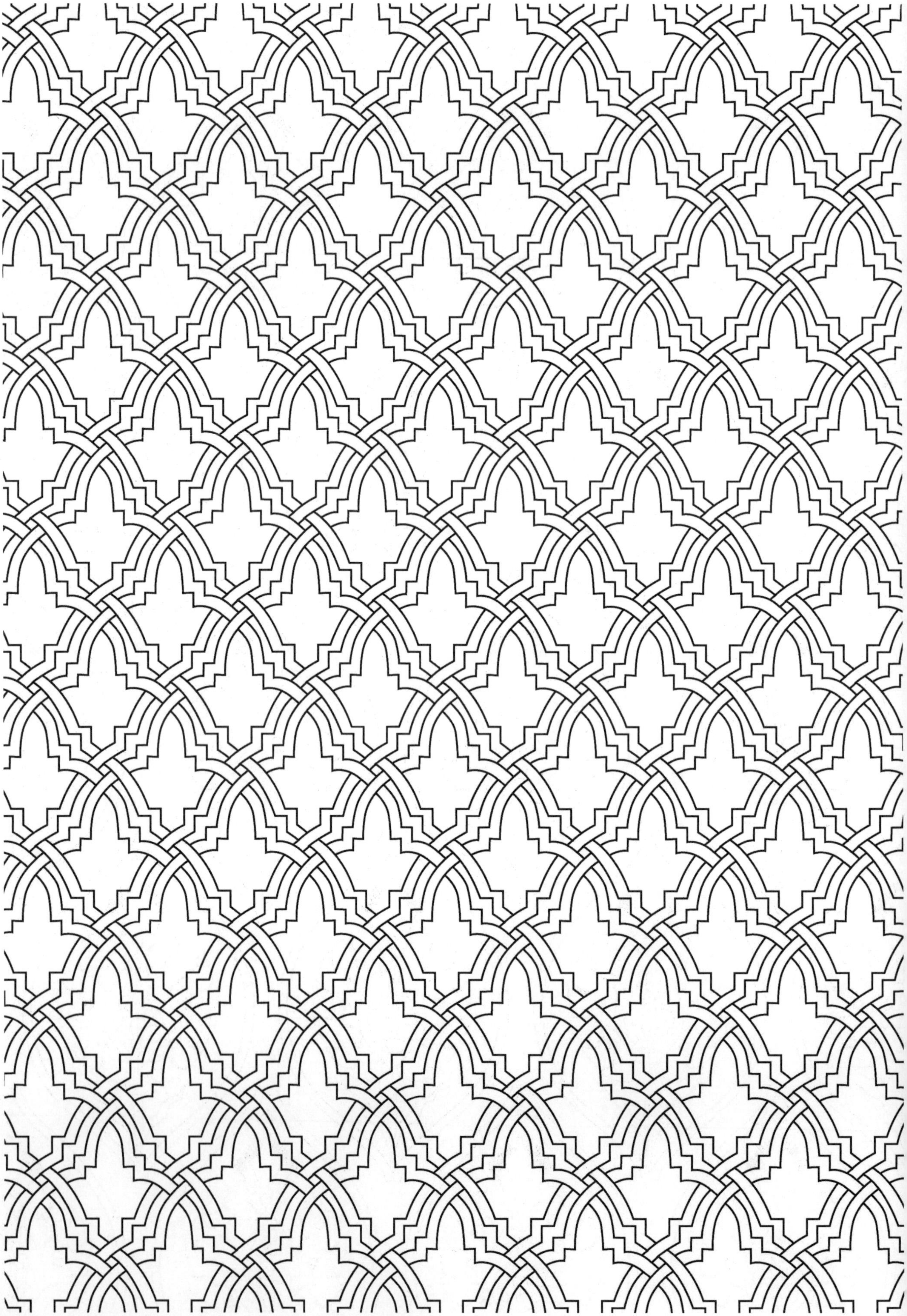

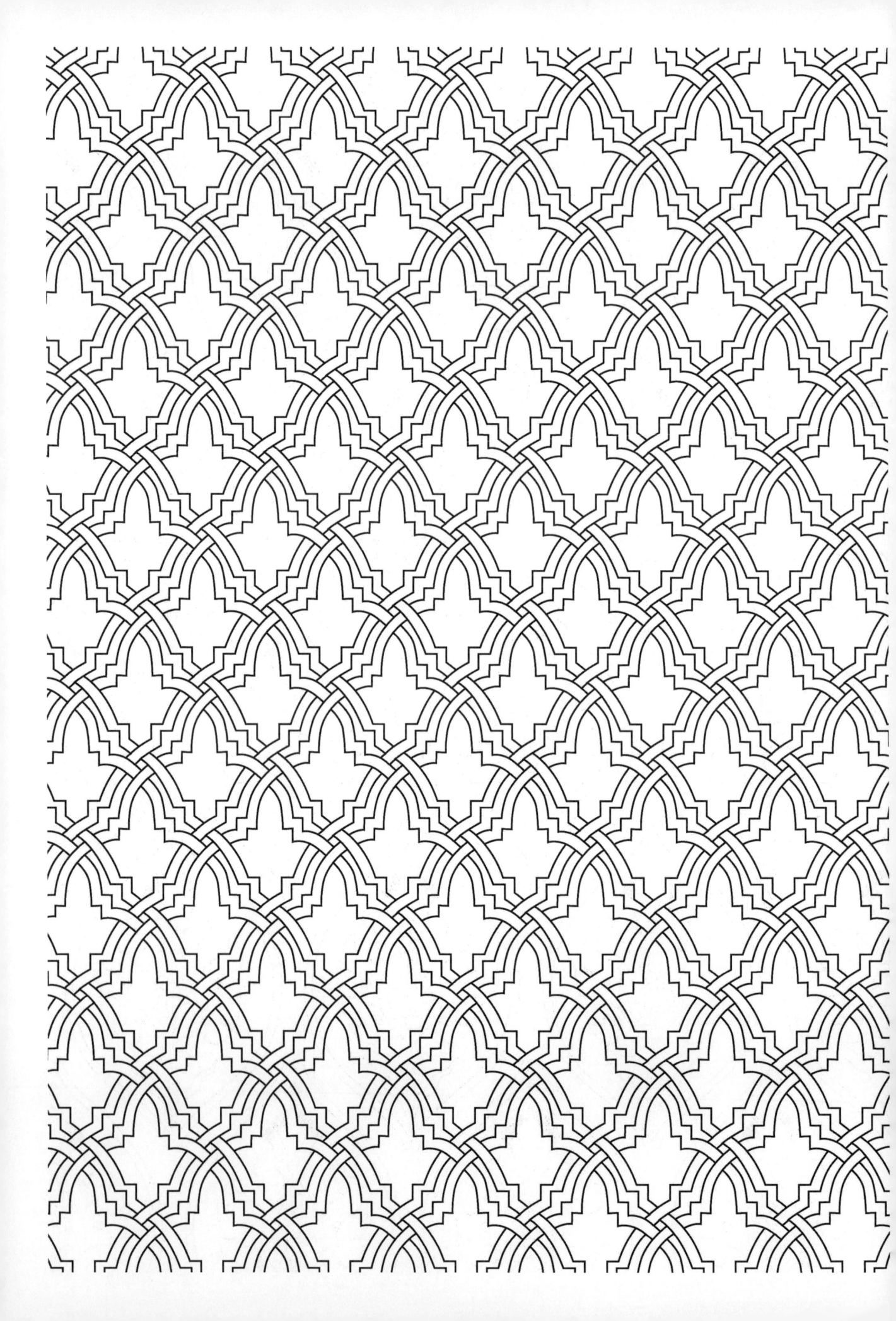

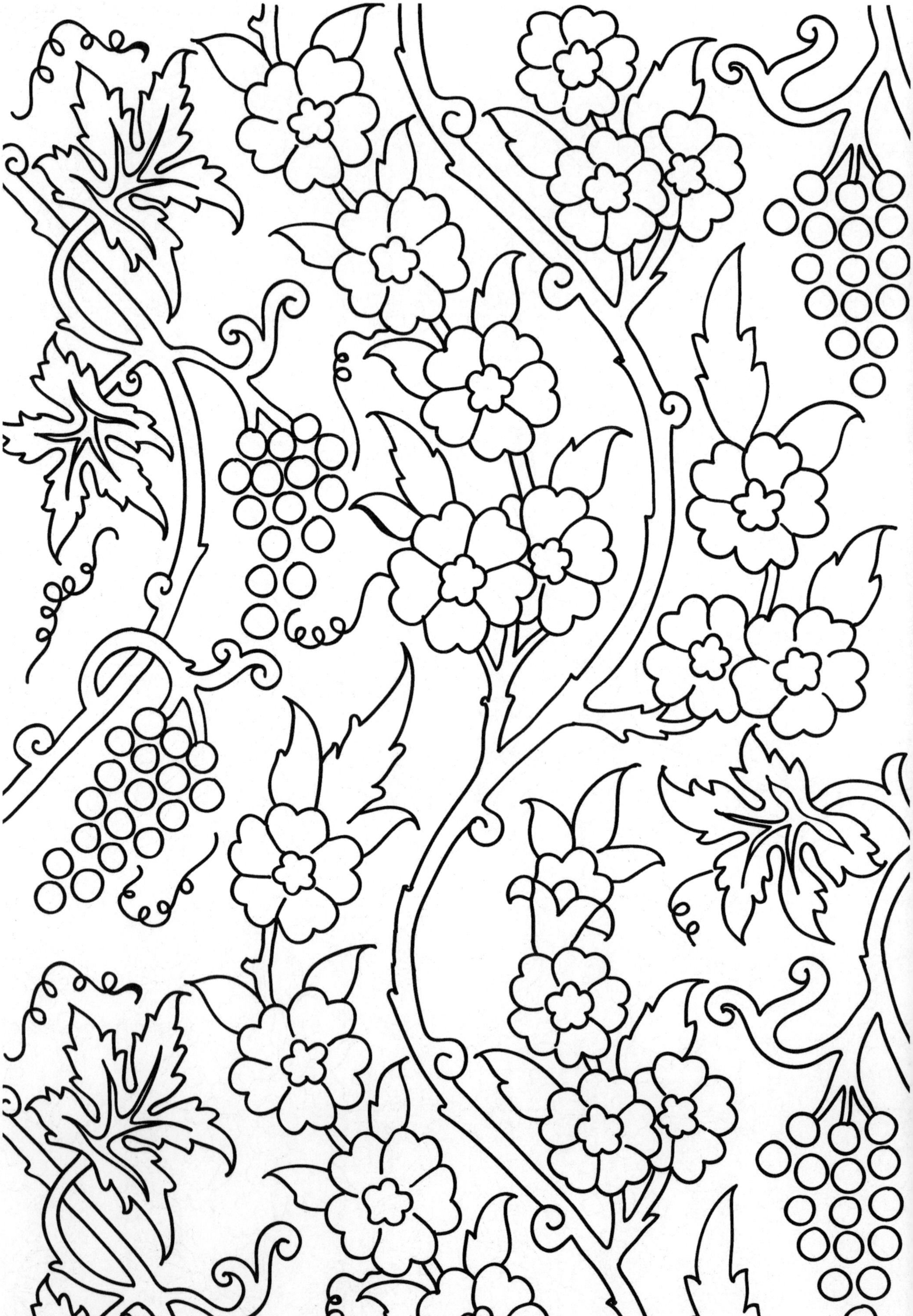

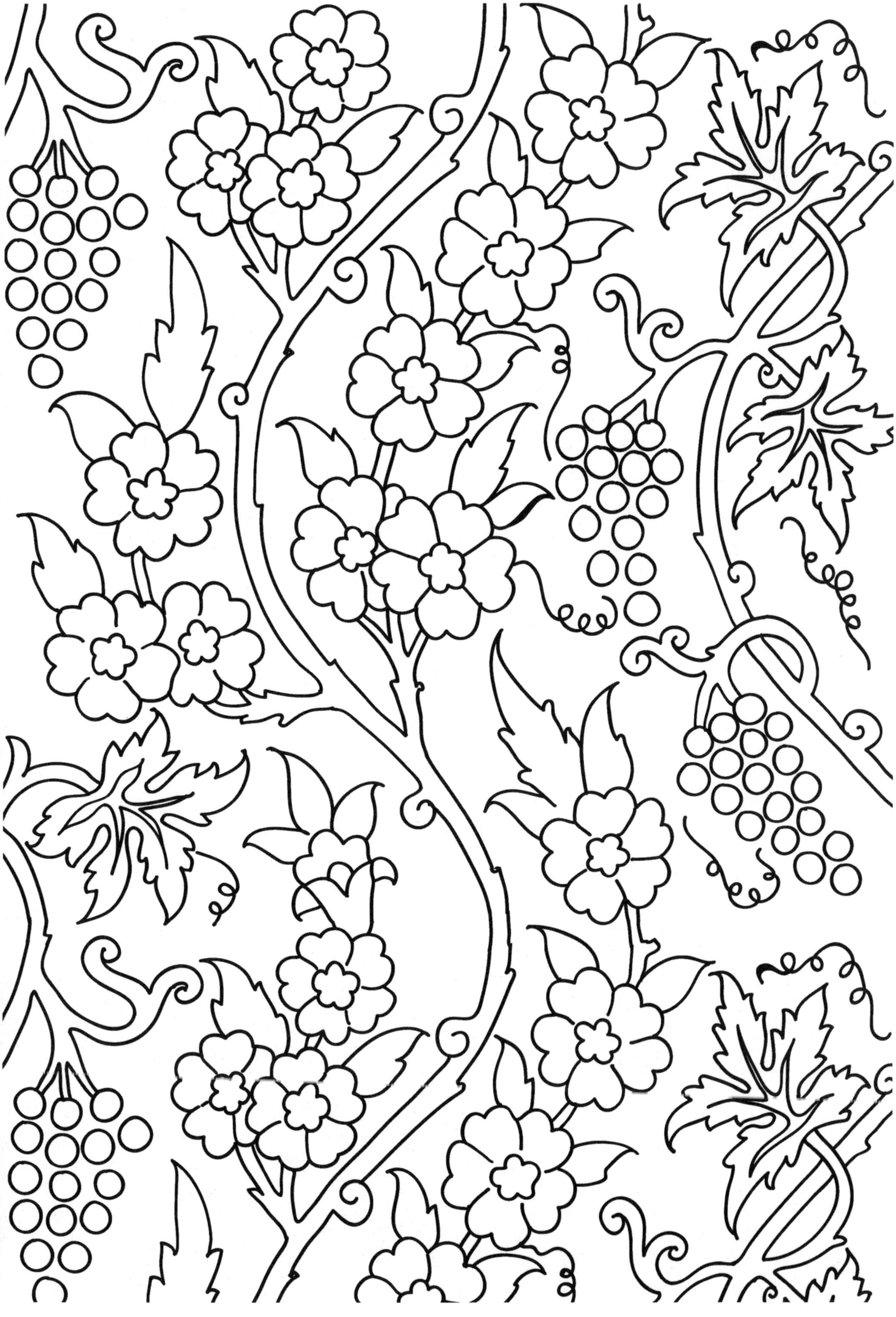

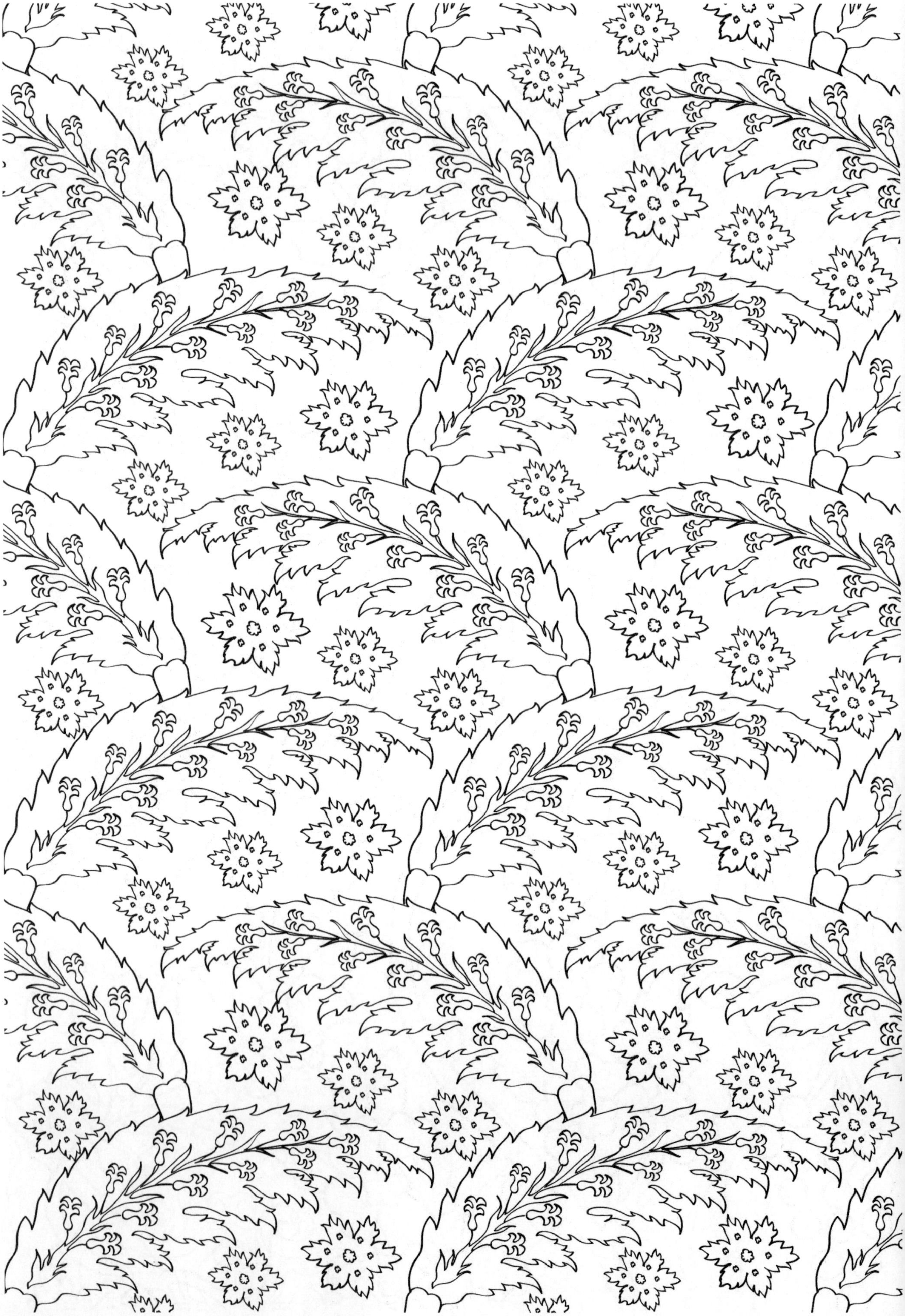

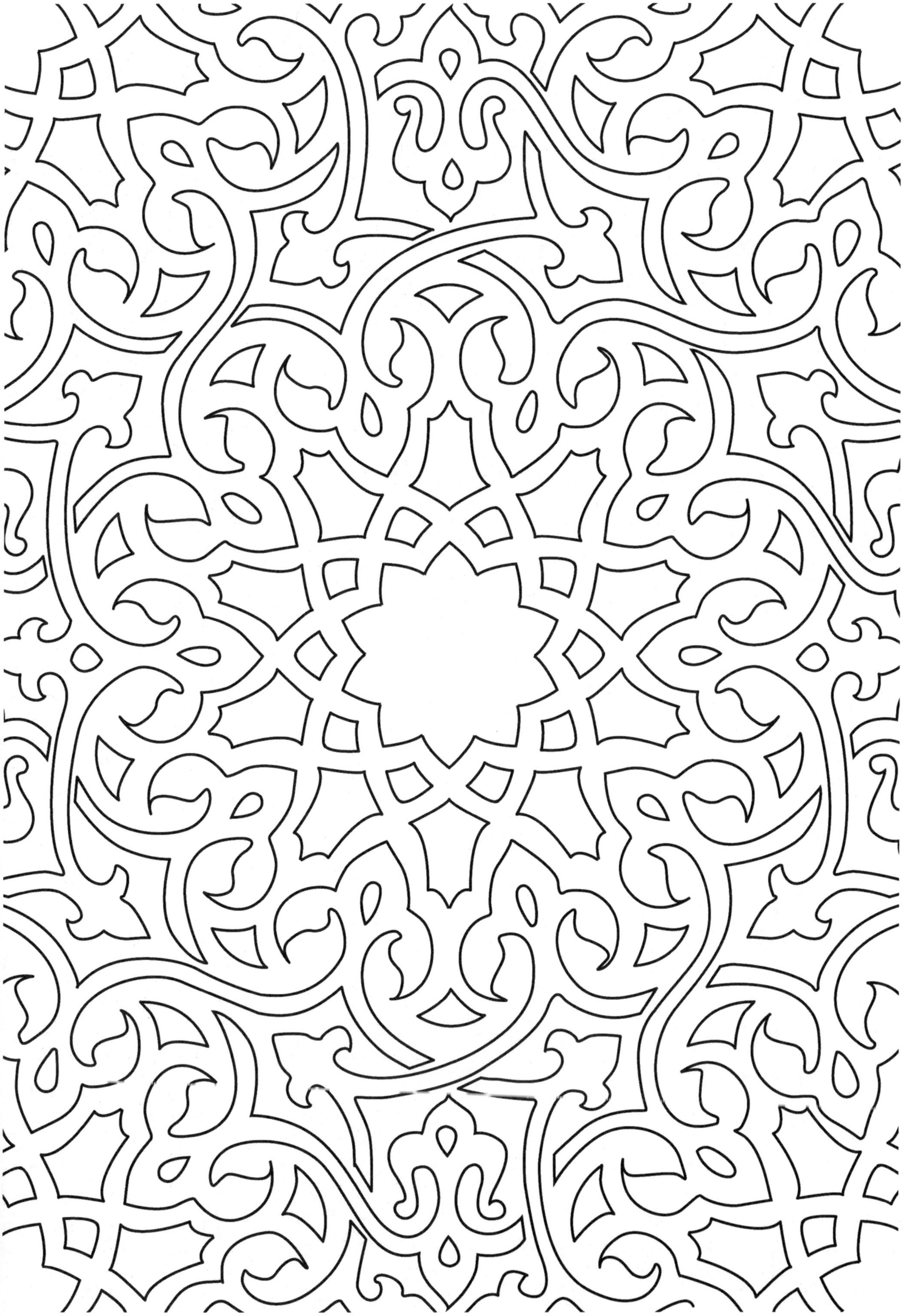

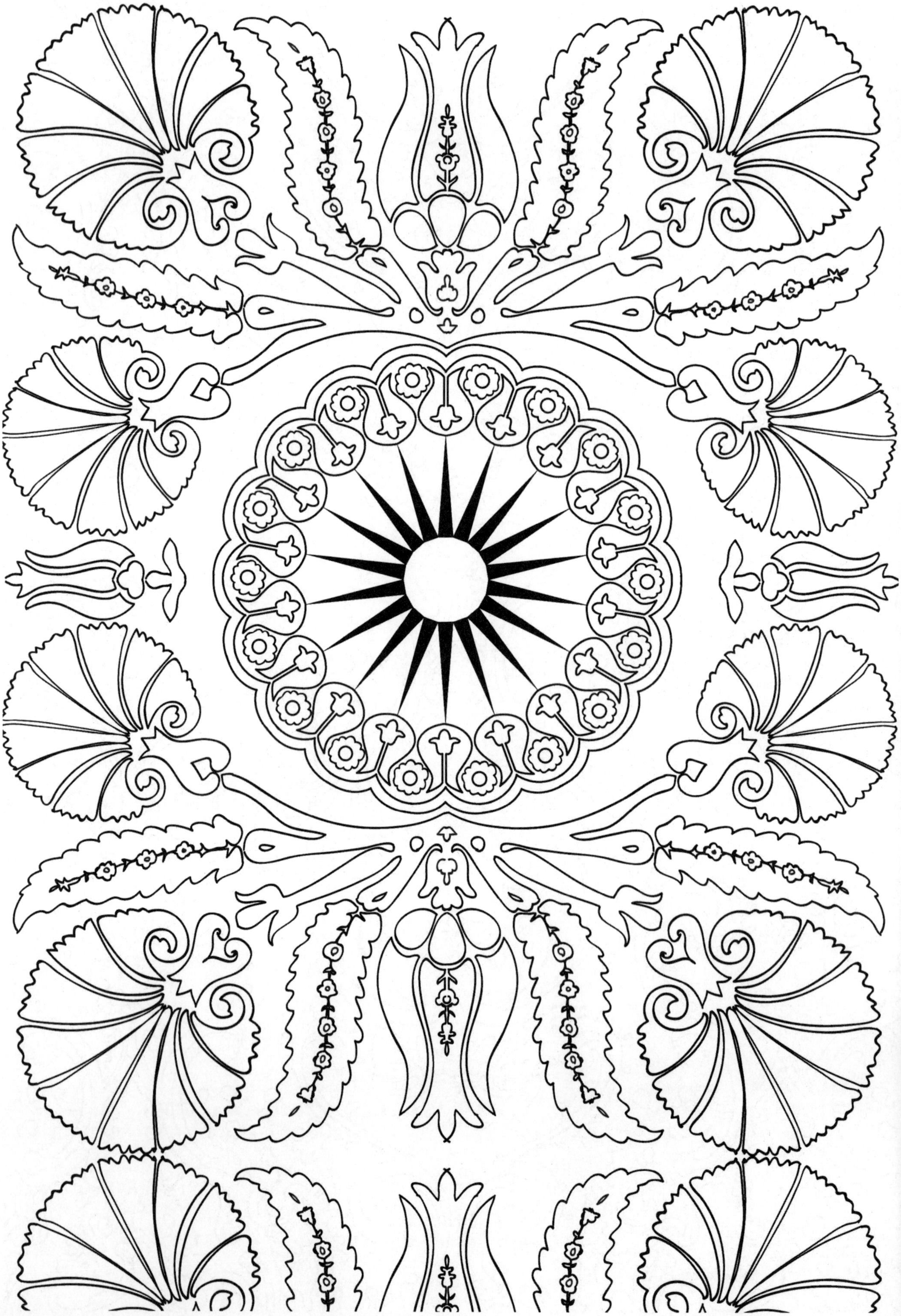

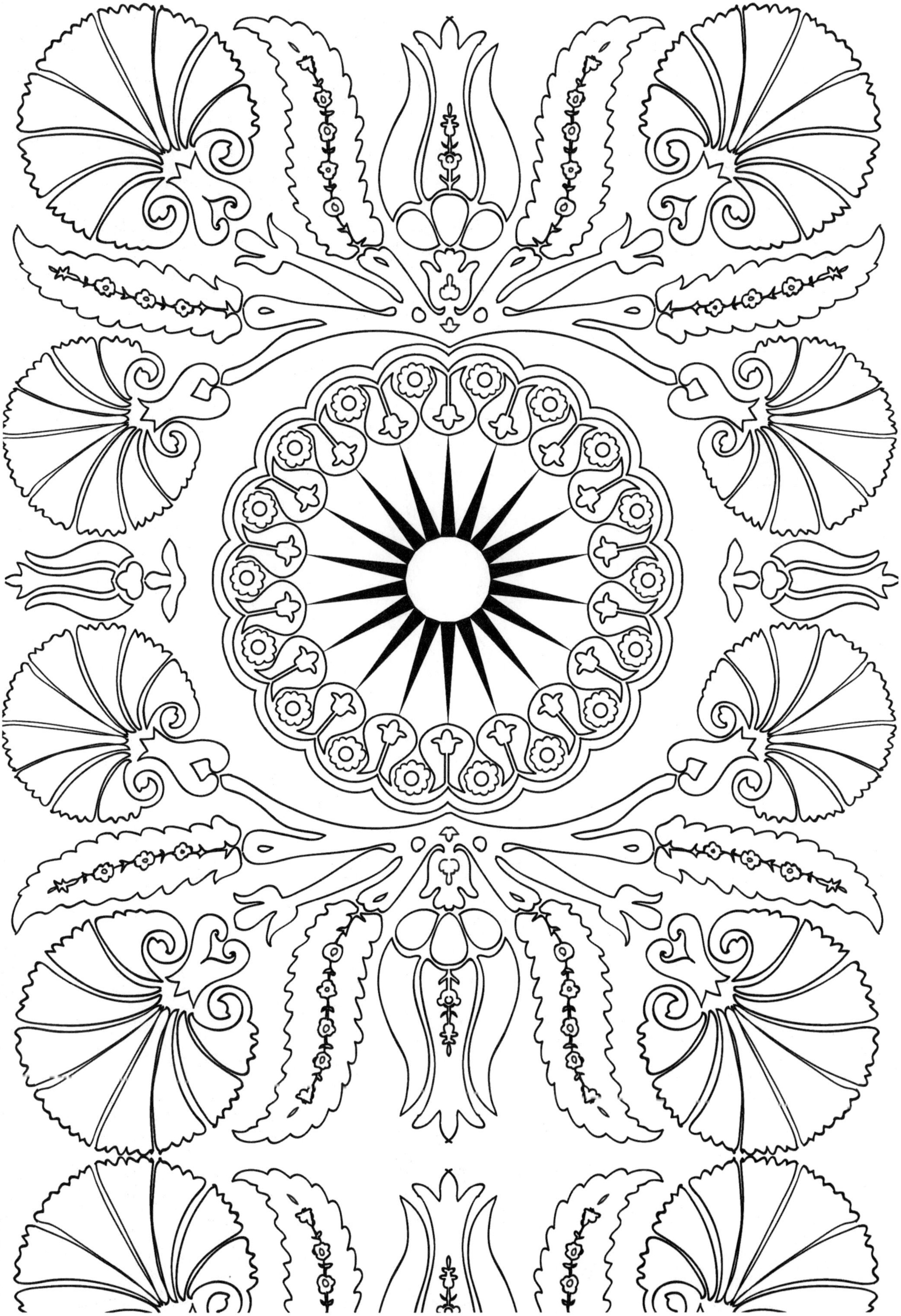

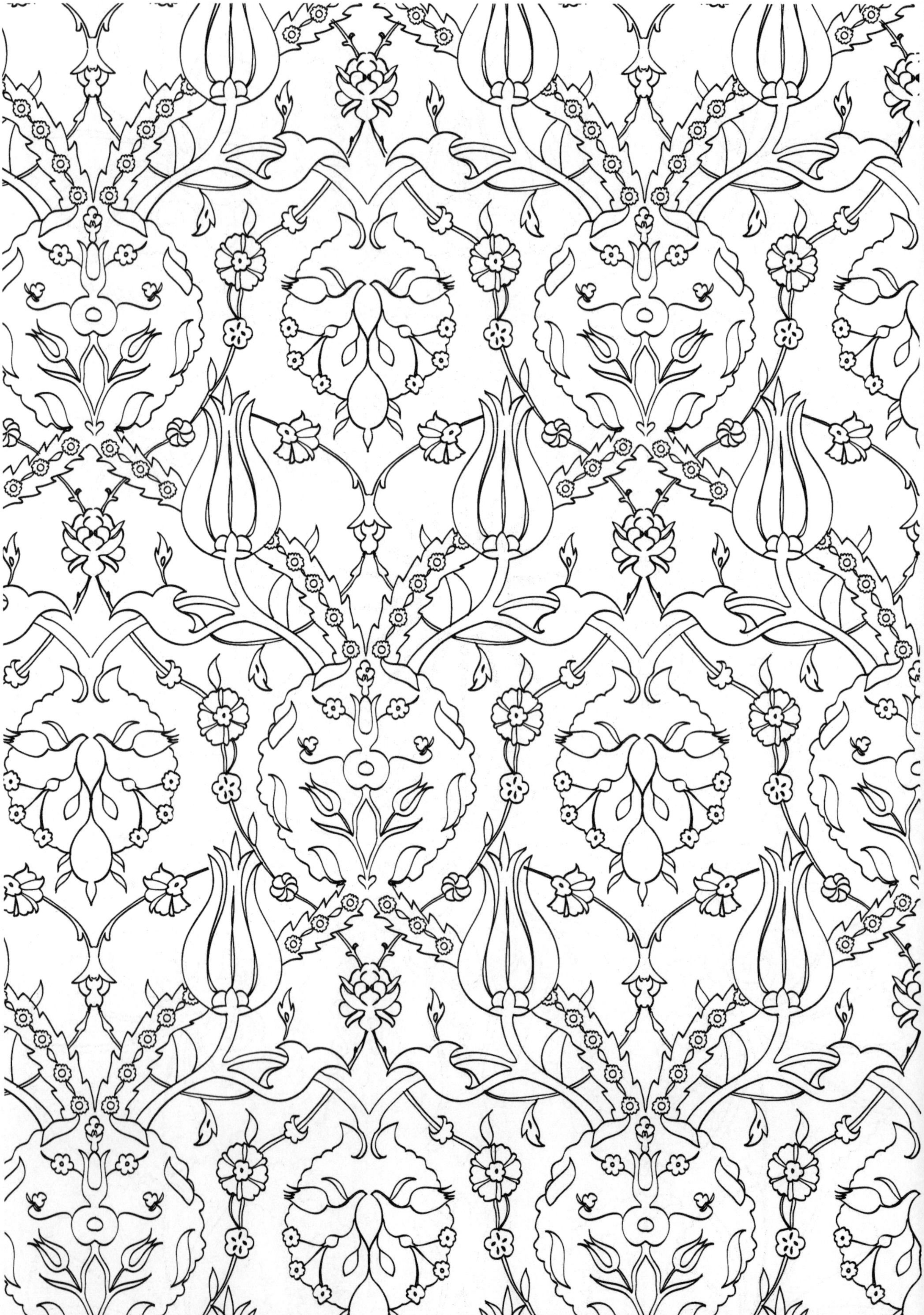

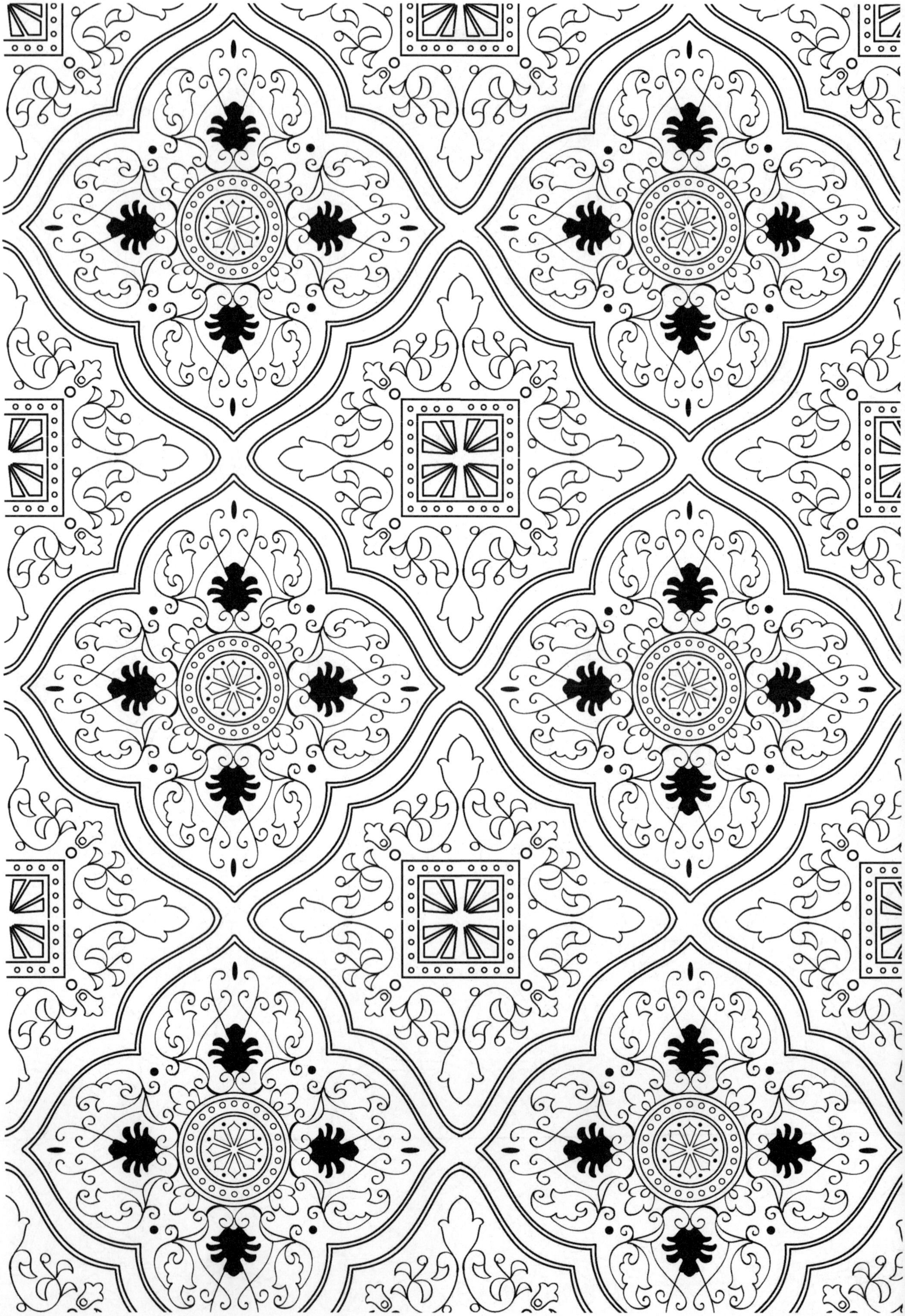

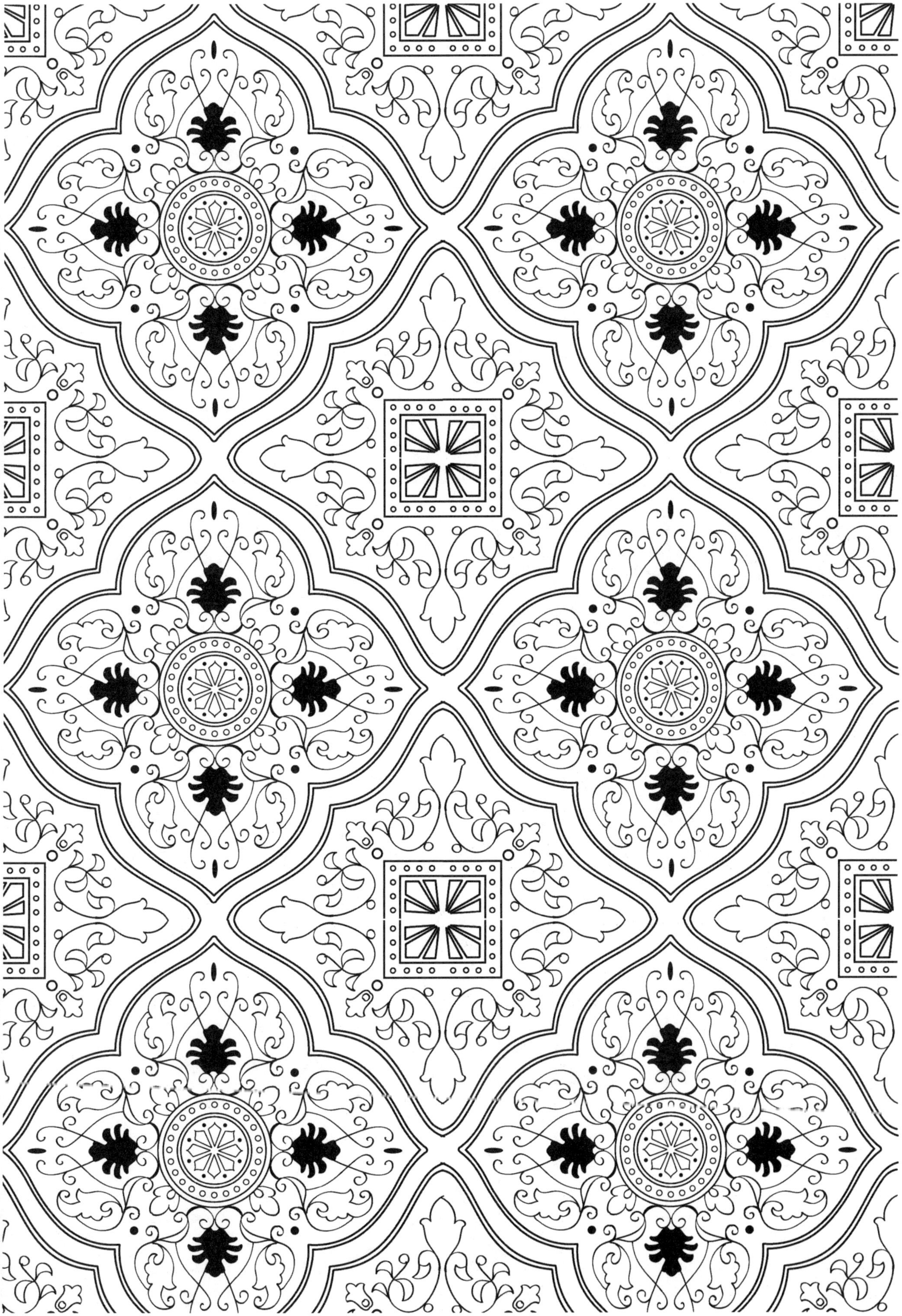

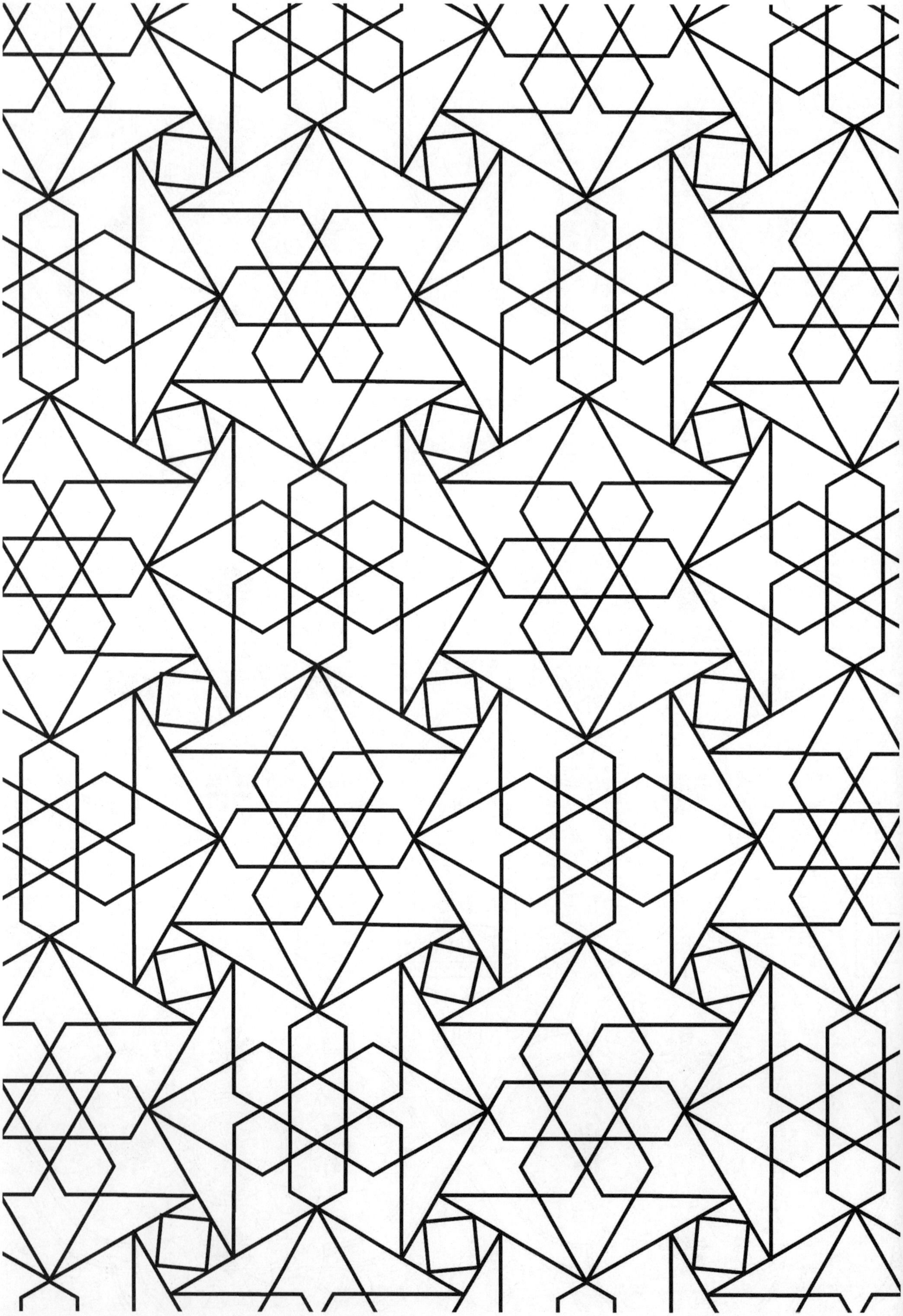

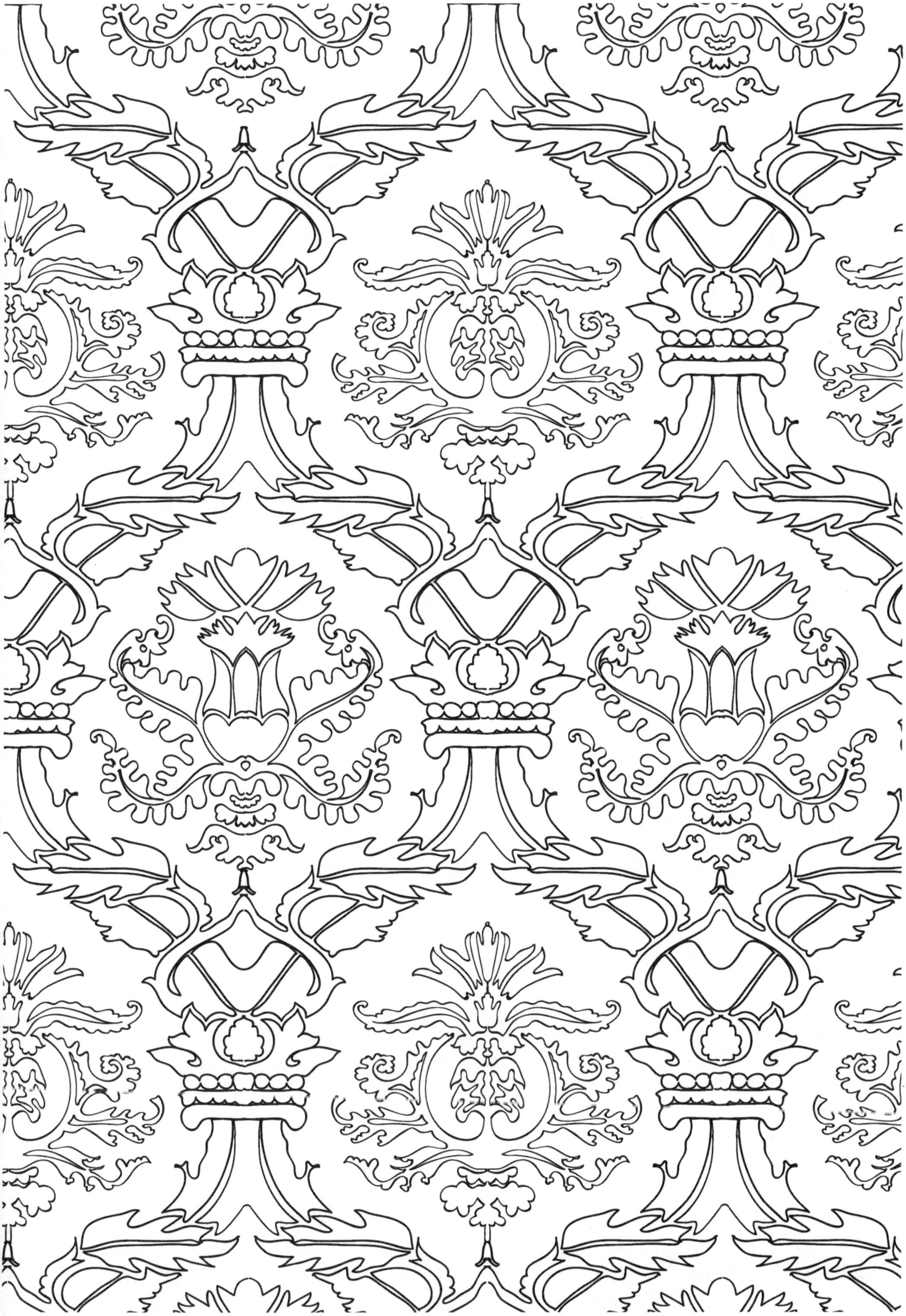

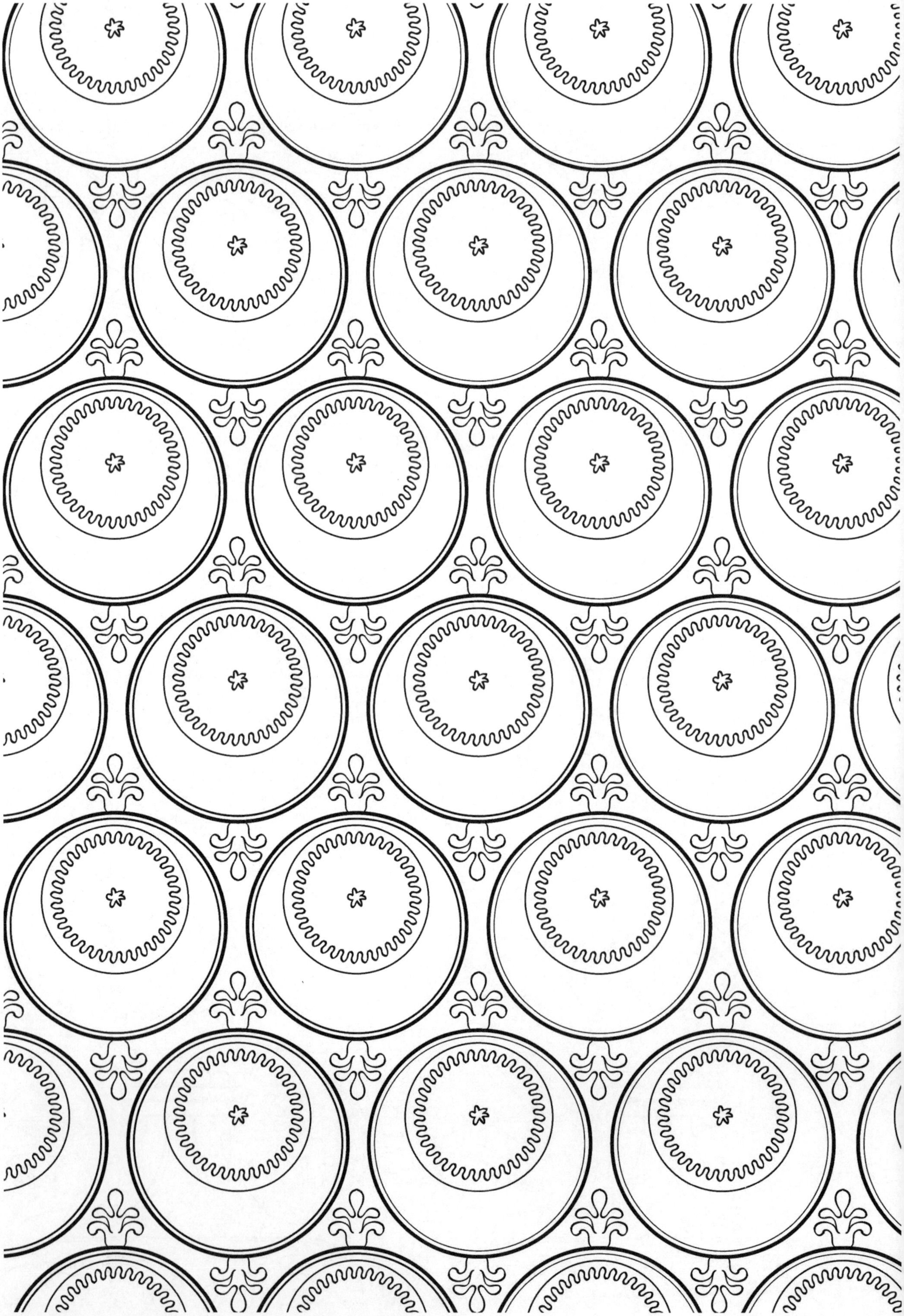

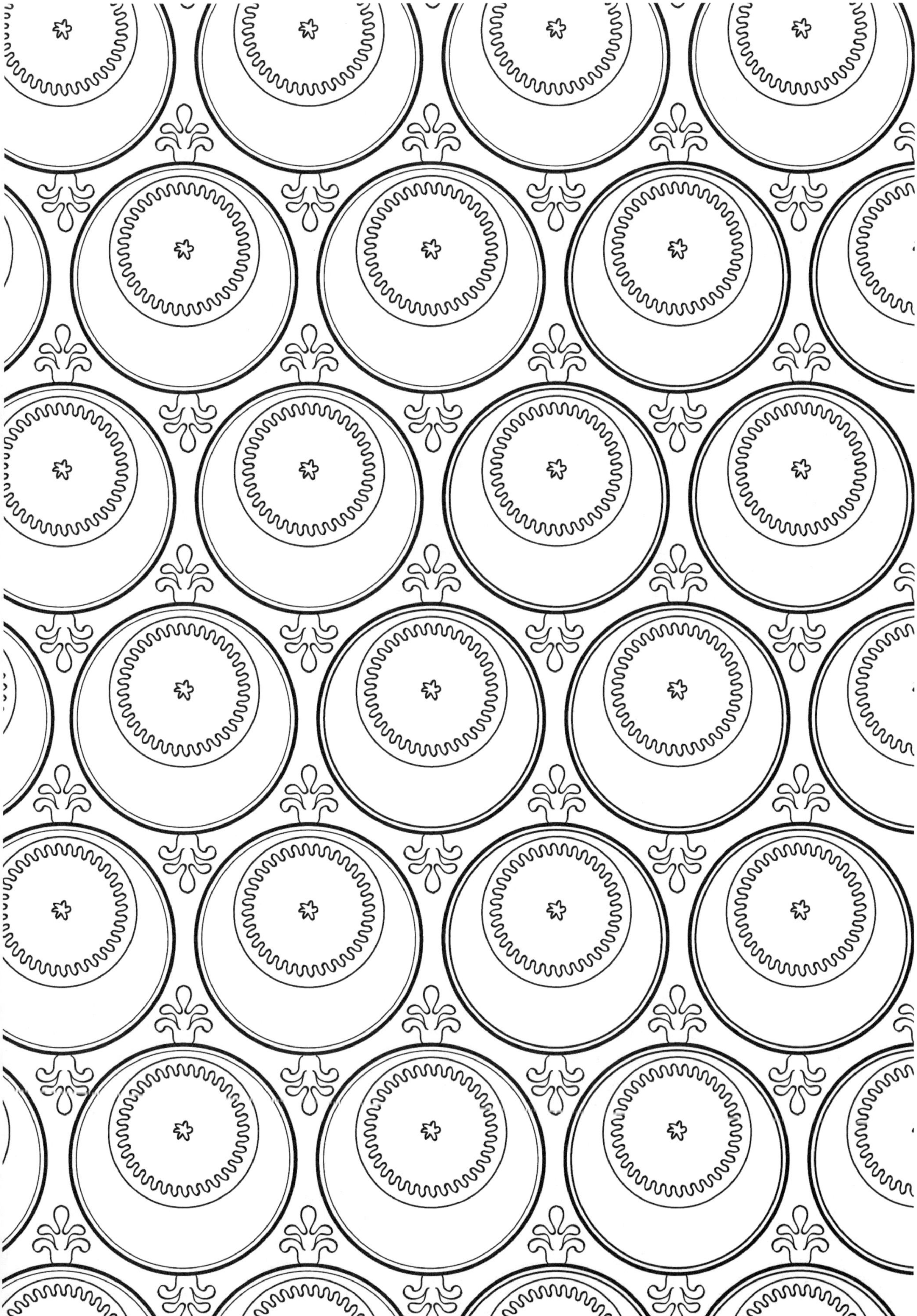

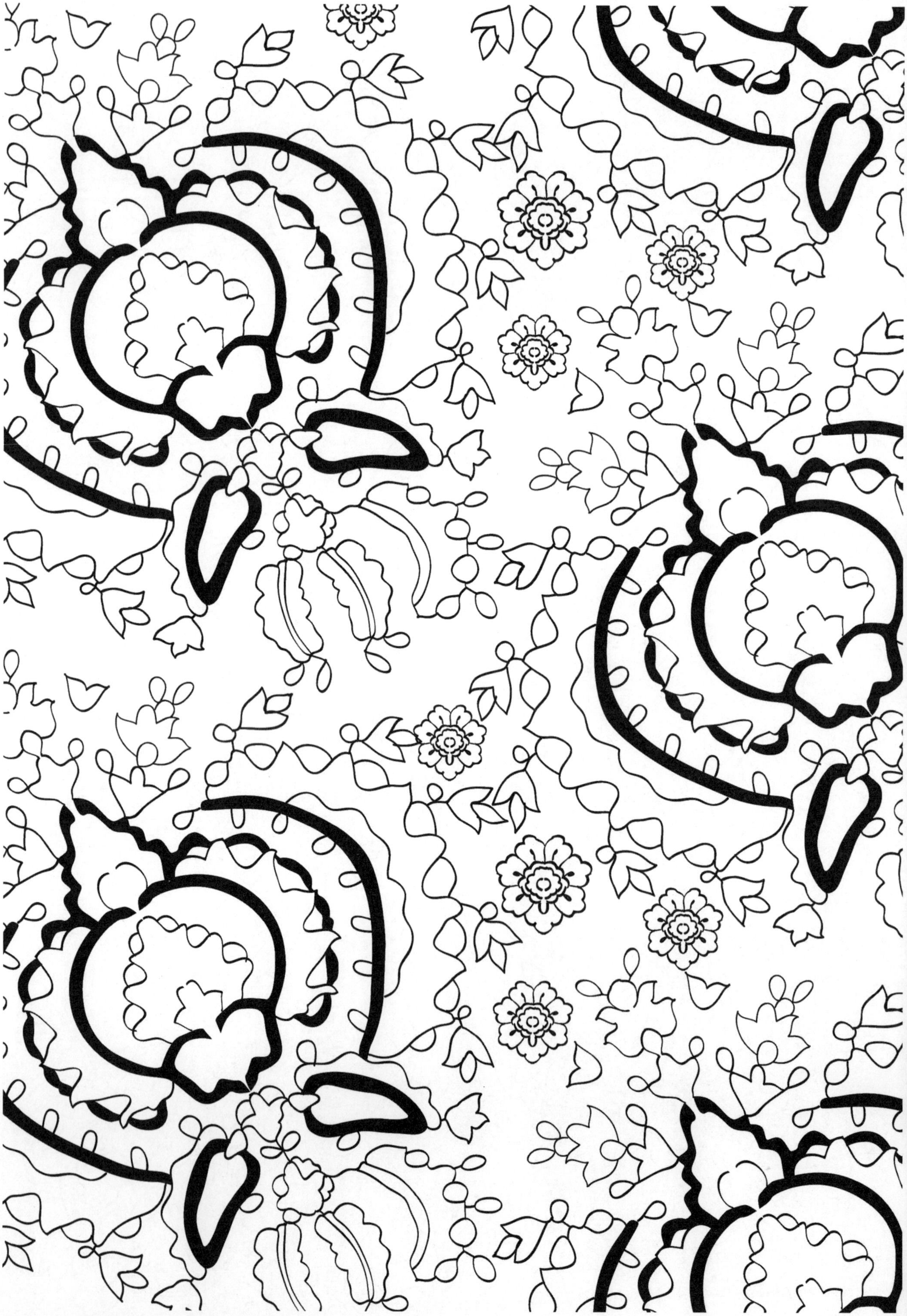

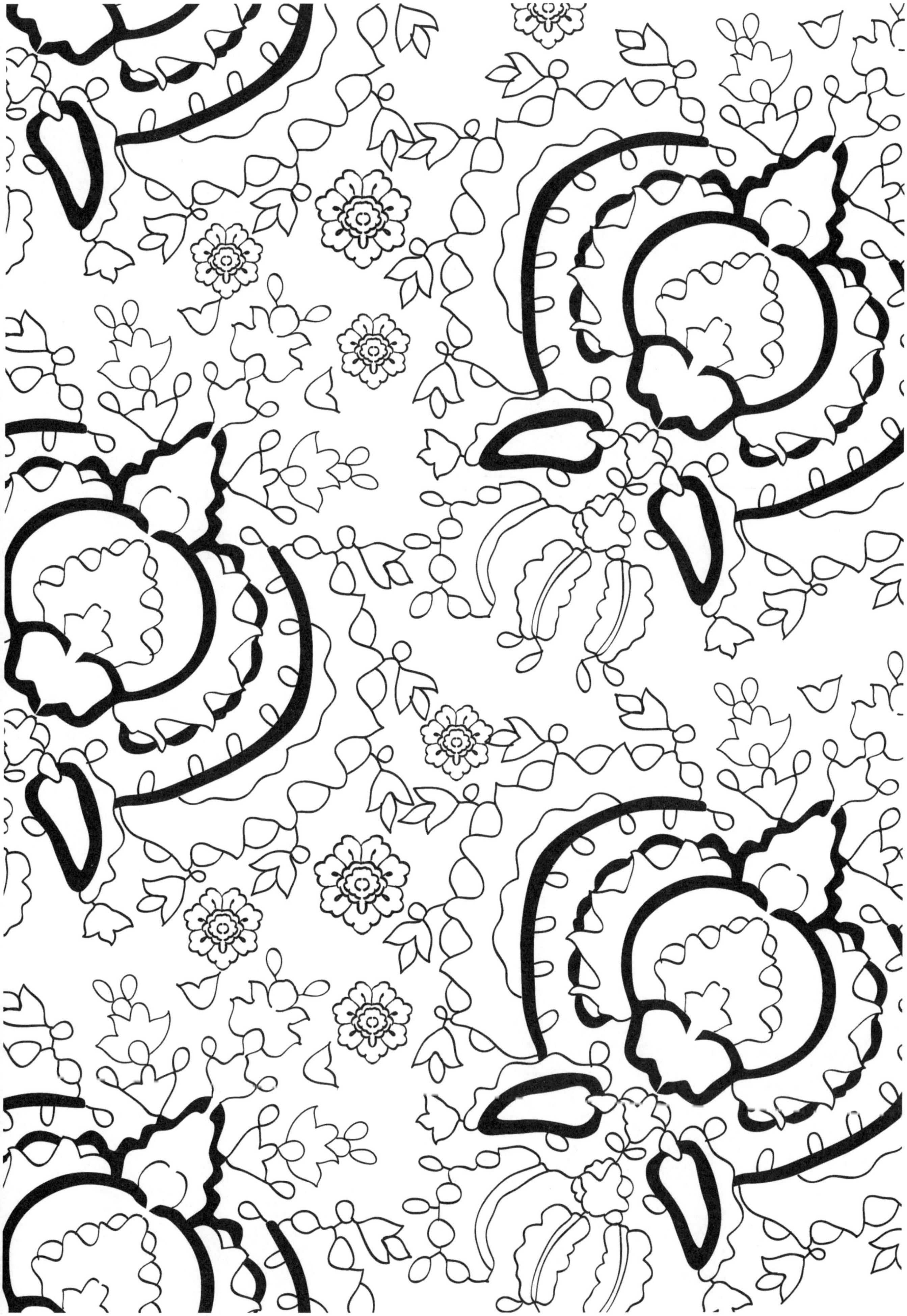

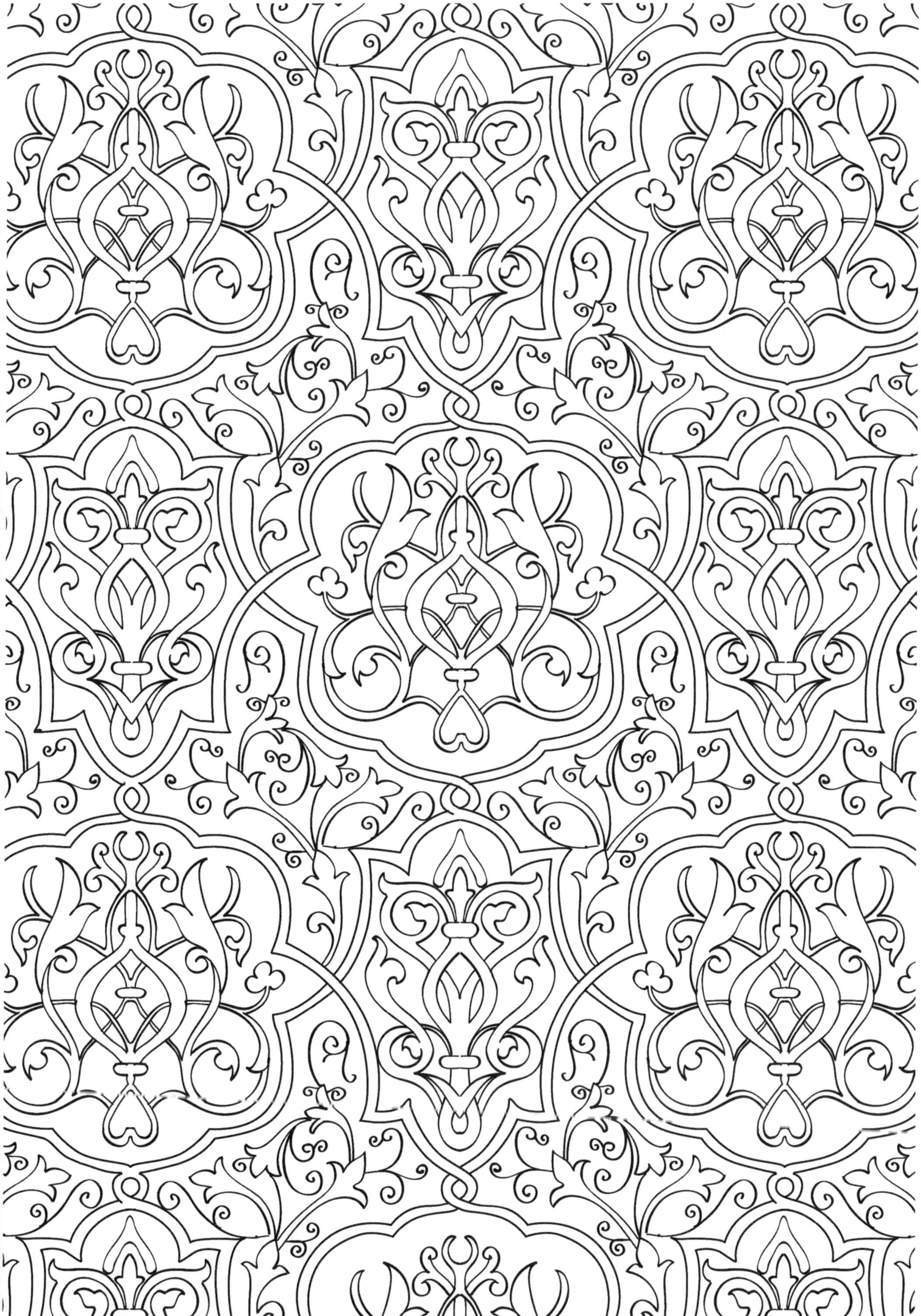

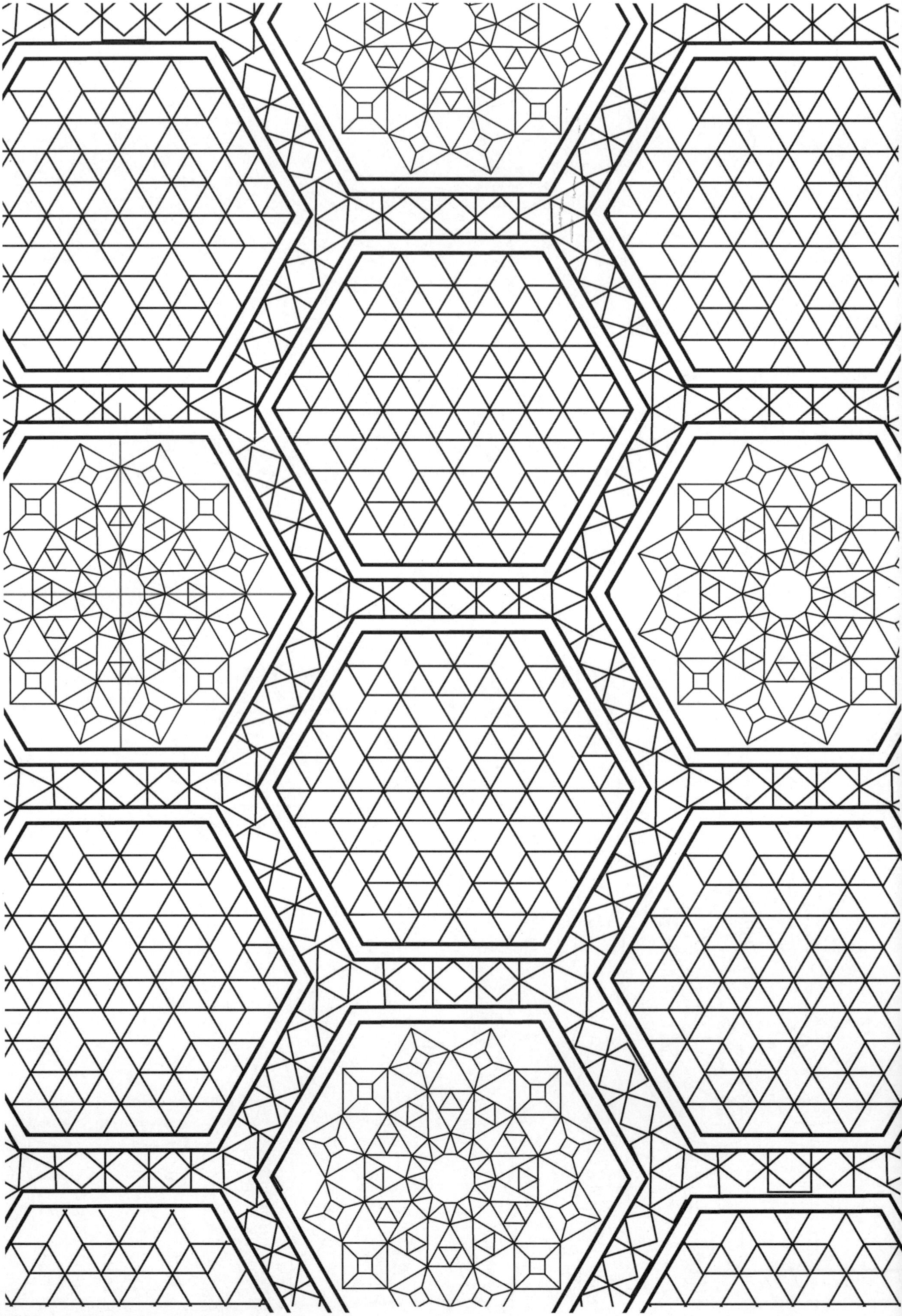